Sinfonías
Symphonies

Calpe Diem

Français / Espagnol
Francés / Español

EFL

Sinfonías
Symphonies

Calpe Diem

Florilège de poésie
Florilegio de poesía

© 2024 Edmond Frédéric LARGEAU
© 2024 EFL

Édition : BoD · Books on Demand GmbH, In de Tarpen 42, 22848 Norderstedt (Allemagne)
info@bod.com.es – www.bod.com.es
Impression : Libri Plureos GmbH, Friedensallee 273, 22763 Hamburg (Allemagne)

Illustration couverture: Photo Love Calpe
Ilustración portada: Foto Love Calpe

ISBN : 978-8-4132-6831-6

Symphovie

Si la vie était un classique
Ce serait les Quatre Saisons
De Vivaldi tout en musique
Qui nous a donné le frisson

En allégro pour le printemps
Fortissimo l'été durant
Pianissimo l'automne étant
L'hiver marquant la fin d'un temps

La magnifique Symphovie
Avec des faits lourds ou légers
Comme il y a dans chaque vie
Et dans tous les moments passés

Allégro con fuoco d'un palpitant
Rinforzando l'amour battant
Rallentendo pour la tendresse étant
Trémolo pour la sonie d'un cœur vibrant

Une musique qui prend fin
L'orchestre doit se reposer
Mais à travers tous nos desseins
Chacun ne cessera d'exister...

© EFL

Symphovie : Symphonie de la vie

Sinfovida

Si la vida fuera un clásico
Sería el Cuatro Estaciones
De Vivaldi todo en música
Que nos dio la emoción

En allegro por la primavera
Fortissimo durante el verano
Pianissimo el otoño siendo
El invierno marca el fin de un tiempo

La magnífica Sinfovida
Con hechos pesados o ligeros
Como hay en cada vida
Y en todos los momentos pasados

Allegro con fuoco del corazón
Rinforzando el amor que late
Rallentendo por la ternura siendo
Trémolo para el sonido de un corazón vibrante

Una música que termina
La orquesta debe descansar
Pero a través de todos nuestros objetivos
Cada uno dejará de existir...

© EFL

Sinfovida : Sinfonía de la vida

Éclat de Terre

Sous un ciel d'azur éclatant
La brise caresse les champs verdoyants
Les montagnes se dressent, majestueuses et fières
Dans leurs manteaux de neige, elles sont une frontière

Ô planète Terre, tu es une merveille
Tes couleurs vives nous émerveillent
Dans le bleu de tes océans, la vie abonde
Et dans tes forêts, les animaux vagabondent

Les rivières chantent en s'écoulant
Elles dessinent des chemins argentés sur le continent
Les déserts, sous le soleil ardent
Gardent leurs secrets, mystérieux et brûlants

Ô planète Terre, tu es si belle
Tes merveilles naturelles nous appellent
Dans le vert de tes vallées, l'espoir respire
Et sous tes étoiles, nos rêves vont s'embellir

Et même quand les tempêtes grondent
Ta force nous montre que tout abonde
Après la pluie, l'arc-en-ciel nous rappelle
Que tu es, Ô Terre, éternellement belle

Ô planète Terre, tu es une merveille
Chaque aurore, un nouveau jour s'éveille
Dans le chant des oiseaux, la mélodie du vent
Tu es la muse, l'inspiration du vivant

Esplendor de Tierra

Bajo un cielo azul brillante
La brisa acaricia los campos verdes
Las montañas se levantan, majestuosas y orgullosas
En sus abrigos de nieve, son una frontera

Oh planeta Tierra, eres una maravilla
Tus colores brillantes nos asombran
En el azul de tus océanos abunda la vida
En tus bosques los animales vagan

Los ríos cantan al fluir
Dibujan caminos plateados en el continente
Los desiertos, bajo el sol ardiente
Guardan sus secretos, misteriosos y ardientes

Oh planeta Tierra, eres tan hermosa
Tus maravillas naturales nos llaman
En el verde de tus valles, la esperanza respira
Bajo tus estrellas, nuestros sueños se harán más hermosos

Incluso cuando las tormentas se alzan
Tu fuerza nos muestra que todo abunda
Después de la lluvia, el arco iris nos recuerda
Que eres, oh Tierra, eternamente hermosa

Oh planeta Tierra, eres una maravilla
Cada aurora, un nuevo día se despierta
En el canto de los pájaros, la melodía del viento
Eres la musa, la inspiración de los vivos

Sur cette Terre, nous marchons ensemble
Unis dans l'amour, que rien ne démantèle
Ô, Terre, tu es notre maison
Et nous te chantons cette chanson...

Caminamos juntos, en esta Tierra
Unidos en el amor, que nada desmantela
Oh, Tierra, eres nuestra mansión
Y te cantamos esta canción...

Reviviscence

À Calpe la terre renaissante irrigue le jardin
Courtise la rosée, réveille le matin
Le masque de l'hiver dans un linceul repose
La brise du regain sur la nuque se pose

Le soleil au balcon badine et fait la roue
La flore vierge accroche des corolles à son cou
Une statue dandine aux galbes du ruisseau
S'y lustre son reflet de charmes en rameaux

La fontaine arc-en-ciel promène impératrice
Sa traîne boréale baptisant l'horizon
La lumière en éclats saute en feu d'artifices
La jouvence éclabousse en mille échantillons...

Reviviscencia

El jardín es regado en Calpe por la tierra renacentista
Que corteja el rocío, despierta por la mañana
La máscara de invierno en una sábana descansa
La brisa del resurgimiento sobre la nuca se plantea

El sol en el balcón bromea y hace volteretas
La flora virgen cuelga corolas en su cuello
Una estatua andante con curvas del arroyo
Se lustra su reflejo de encantos en ramitas

La fuente del arcoíris camina emperadora
Su cola boreal bautizando los horizontes
La luz vola en pedazos en fuegos artificiales
En mil muestrarios la juventud chapotea...

Nature

Dans la paille du ciel à Calpe où se blottit l'oiseau
Brûle un bout de bougie à la cire d'abeille
Dont le parfum de miel comme un songe émerveille
Un papillon posé sur le bord d'un roseau

Une ganse de vent découpée au ciseau
Muselle une lavande au fond d'une corbeille
Où scintille du vin à l'or d'une bouteille
Que les fruits du jardin cachent sous leur museau

Une goutte de pluie accrochée au feuillage
Rêve de se glisser dans un sac de voyage
Pour partir humecter les lèvres d'un jasmin

Des rides de silence effacent le murmure
D'une source assoupie au détour d'un chemin
Où bruisse sous mes mots une épaisse ramure...

Naturaleza

En la paja del cielo en Calpe donde se acurruca el pájaro
Quema un trozo de vela a la cera de abejas
Cuyo perfume de miel como un sueño maravilla
Una mariposa en el borde de un junco

Una cinta de viento cortada con un escoplo
Amordaza una lavanda en el fondo de una cesta
Donde el vino brilla en oro de una botella
Que los frutos del huerto escondan bajo su hocico

Una gota de lluvia colgando del follaje
Sueña de deslizarse en una bolsa de viaje
Para ir humedecer los labios de un jazmín

Las arrugas del silencio borran el susurro
De una fuente dormida en el desvío de un camino
Donde cruje bajo mis palabras una gruesa rama...

L'envolée des fleurs de cerisier

Dans l'archipel où pendulent les branches
La blancheur au rose s'est appariée
Un crépuscule nacré joue sa revanche
Cerisier et ciel se sont mariés

Pour célébrer l'événement tout entier
Les îlotiers contemplent l'avalanche
Des pétales illuminant les sentiers
Éparpillant la pâle beauté franche

Là sur l'éphémère beauté, extasiés
Les îlotiers espèrent le dimanche
Que le temps soit alpagué, anesthésié
Bénissant l'âme fleurie qui s'épanche

Lors de l'envolée des fleurs de cerisier
Tout un printemps fleuri prend sa revanche
Et rappelle jusqu'aux troncs des aliziers
Une aquarelle où pendulent les branches

Bénissant l'âme fleurie qui s'épanche
Lors de l'envolée des fleurs de cerisier…

El vuelo de las flores de cerezo

En el archipiélago donde cuelgan las ramas
El blanco se ha emparejado con el rosa
Un crepúsculo nacarado juega su venganza
Cerezo y cielo se han casado

Para celebrar el evento entero
Los isleños contemplan la avalancha
De los pétalos que iluminan los senderos
Esparciendo la pálida belleza franca

Allí, sobre la efímera belleza, extasiados
Los isleños esperan el domingo
Que el tiempo sea atrapado, anestesiado
Bendiciendo el alma florida que se derrama

En el vuelo de las flores de cerezo
Todo un manantial florecido toma su venganza
Y recuerda hasta los troncos de los alisios
Una acuarela donde cuelgan las ramas

Bendiciendo el alma florida que se derrama
En el vuelo de las flores de cerezo…

À la tombée

Tout tombe
Le soir
L'espoir
Les gouttes
Les doutes

Tout tombe
Mes bras
Mes pensées
Tout un monde à ras
D'herbe coupée

Tout tombe
La biche recueille
Au fond de son œil
Le crépuscule
Des campanules

Tout tombe
Ce soir seule ta tombe
À Calpe, fleurit
Elle sourit à la vie...

Al caer

Todo cae
Por la noche
La esperanza
Las gotas
Las dudas

Todo cae
Mis brazos
Mis pensamientos
Todo un mundo a ras
De hierba cortada

Todo cae
La cierva recoge
En el fondo de su ojo
El crepúsculo
De las campanillas

Todo cae
Esta noche solo tu tumba
En Calpe, florece
Sonríe a la vida...

Brin d'herbe

Le brin d'herbe regarde l'étoile qui luit
En rêvant d'être haut dans le ciel
Pour éclairer le cœur assombri
Et veiller sur les rêves immortels

L'étoile contemple le brin d'herbe au loin
En rêvant de courir entre les racines des pins
Sentir bruisser la vie, ployer sous la caresse du vent
Et entendre le rire des enfants

L'enfant, pieds nus dans l'herbe fraîche
Le nez dans les étoiles
De ses rêves, repeint la toile
Où à Calpe l'encre du bonheur sèche...

Brizna de hierba

La brizna de hierba mira a la estrella que brilla
En sonando estar alto en el cielo
Para iluminar el corazon oscurecido
Y cuidar los suenos inmortales

La estrella contempla la brizna de hierba a lo lejos
En sonando correr entre las raices de los pinos
Sentir el susurro de la vida, inclinarse bajo la caricia del viento
Y escuchar la risa de los ninos

El nino, descalzo en la hierba fresca
La nariz en las estrellas
De sus suenos, pinto la tela
Donde en Calpe la tinta de la felicidad se seca...

Monde bleu

Dans la paume de ma main
Chaque jour à Calpe des enfants déposent
Leurs rires et leurs petits cailloux roses
Tels de précieux trésors en chemin

Ce sont de petits riens pour eux
Des offrandes aux mille vertus et flânent
Comme les noisettes de Peau d'Âne
Qu'on lance pour faire un vœu

J'ai choisi un galet rond de tendresse
Pour y écrire une promesse
Il fera des bonds dans l'eau
Qui charriera leurs rêves là haut

Au-delà de la mer immense
Qu'ils dessinent en silence
Je les ferai voguer jusqu'au soir
Matelots pleins d'espoirs

Le monde de demain comme loisir
Ils l'imaginent en bleu
Et grâce à leurs sourires
J'y crois encore un peu !...

Mundo azul

En la palma de mi mano
Cada día en Calpe los niños dejan
Sus risas y sus pequeñas piedras rosas
Tales tesoros preciosos en el camino

Son pequeños cosas para ellos
Ofrendas de mil virtudes y deambulan
Como las avellanas Piel de Asno
Que se lanza para hacer un deseo

He escogido un guijarro redondo de ternura
Para escribir una promesa
Él saltará por el agua
Que cargará sus sueños arriba

Más allá del mar inmenso
Que dibujan en silencio
Los haré navegar hasta la víspera
Marineros llenos de esperanza

El mundo del mañana como ocio
Lo imaginan en azul
Y gracias a sus sonrisas
¡Todavía yo creo un poco!...

Calpe, mon Bleu lagon

La vie comme une croisière s'amuse de moi
De mes envies d'ailleurs, de mes envies d'émoi
Massif et bon géant, un paquebot m'avale
J'y tire ma valise, le cœur comme en cavale

L'équipage au cordeau est au dernier rapport
Prêt aux grandes manœuvres pour m'éloigner du port
Je caresse un pompon présage de bonheur
Pour quelques horizons, aux magiques lueurs

J'ai guetté trop longtemps, une ombre devenant
Un blanc fantôme errant au quai de ses tourments
Aujourd'hui vent de brume, ma marée noire efface
Ses sombres turbulences, ses heures à pile ou face

Lui qui était mon phare au sein de mes tempêtes
Il brille ce soir au loin, comme une simple allumette
Que j'ai craquée fébrile pour allumer le feu
Au bûcher de mes songes, qui sont restés des vœux

Que sombres soient les nuits de nos derniers baisers
Ou claires de nos lunes, qui gardent nos secrets
J'espère qu'au bout du ciel, il trouvera la Voie
Lactée d'un bel amour, qui sur la mer flamboie

J'ai enfin jeté l'encre, à Calpe, mon bleu lagon
Mes mots chaloupent libres au gré de mon crayon
Je ne suis plus amère, mon amour en pardon
Accoste aux rives nues d'une île qui sent bon...

Calpe, mi Azul laguna

La vida como un crucero se divierte conmigo
De mis deseos, de mis ganas de emoción
Masivo y gigante, un barco me traga
Yo saco mi maleta, el corazón como en fuga

La tripulación on cordel está en el último informe
Listo para las grandes maniobras para alejarme del puerto
Acaricio un pompón presagio de felicidad
Por algunos horizontes, con mágicas luces

He esperado demasiado tiempo, una sombra convirtiéndose
En un fantasma blanco vagando en el muelle de sus tormentos
Hoy viento de bruma, mi marea negra se borra
Sus oscuras turbulencias, sus horas a cara o cruz

Él que era mi faro en medio de mis tormentas
Brilla esta noche en la distancia, como una simple cerilla
Que me he agrietado para encender el fuego
En la hoguera de mis sueños, que han quedado deseos

Que oscuras sean las noches de nuestros últimos besos
Or claras de nuestras lunas, que guardan nuestros secretos
Espero que en el cielo encuentre la vía láctea
De un hermoso amor, que sobre el mar se derrama

He tirado la tinta, por fin, a Calpe, mi azul laguna
Mis palabras se mueven libremente según el deseo de mi lápiz
Ya no soy amarga, mi amor en perdón
Atraca en las costas desnudas que huele bien de una isla...

Grimacer

Chaque jour devant mes yeux
Passent des bateaux blancs
Des mouettes rieuses
Quelques goélands
Et la nuit sous les étoiles
On distingue encore un peu
Ici et là de grandes voiles

Ce midi sur le ponton à Calpe
Une femme vient se pencher
Dans l'eau bleue, son reflet
Que ride le vent
Manifestement l'attire
Avec plaisir

Un enfant l'observe
Avec attention
Puis grimace atrocement
Esquisse un sourire
Et s'éloigne en poussant
Des éclats de rires
Et du pied son ballon...

Hacer muecas

Cada día delante de mis ojos
Pasan barcos blancos
De las gaviotas reidoras
Algunas gaviotas
Y la noche bajo las estrellas
Se distingue aún un poco
Aquí y allá grandes velos

Este mediodía en el pontón de Calpe
Una mujer viene a inclinarse
En el agua azul, su reflejo
Que el viento se resquebraja
Obviamente le atrae
Con mucho gusto

Un niño lo observa
Con atención
Luego hace muecas horriblemente
Dibuja una sonrisa
Y se aleja empujando
Un estallido de risa
Y con el pie su balón...

Du bout d'un doigt

Quand l'horizon devant mes yeux ne sera plus
Qu'un immense drap noir qui bouchera ma vue
Je ne distinguerai plus la nuit et le jour
Du bout d'un doigt, je te chercherai mon amour

Derrière mes paupières, je devinerai
Ton regard assombri, mais pourtant j'aimerais
Que tes prunelles gardent leur éclat brûlant
Du bout d'un doigt, j'effacerai tous nos tourments

J'effleurerai ta bouche avant d'y déposer
Le plus doux, le plus tendre de tous les baisers
Puis en suivant chaque détail de ton visage
Du bout d'un doigt, je reconnaîtrai ton image

Et je me griserai du parfum de ton corps
L'enfermant dans ma mémoire tel un trésor
Je te caresserai, glissant comme un pinceau
Du bout d'un doigt, sur le grain soyeux de ta peau

Je te murmurerai les mots les plus ardents
Et nos étreintes nous laisseront frissonnants
Ce gène ne va pas nous priver de s'aimer
Du bout d'un doigt, il nous faudra l'apprivoiser

Quand mes mains à tâtons remplaceront mes yeux
Taper sur ce clavier deviendra périlleux
Tu m'encourageras patiemment à écrire
Du bout d'un doigt, je graverai nos souvenirs…

Con la punta de un dedo

Cuando el horizonte delante de mis ojos ya no será
Que una enorme sábana negra que me tapará la vista
Ya no distinguiré el día y la noche
Con la punta de un dedo, mi amor yo te buscaré

Detrás de mis párpados, adivinaré
Tus ojos se oscurecen, pero me gustaría
Que tus pupilas conserven su resplandor ardiente
Con la punta de un dedo, borraré todos nuestros tormentos

Te acariciaré la boca antes de ponerla
El más dulce, el más tierno de todos los besos
Luego siguiendo cada detalle de tu cara
Con la punta de un dedo, reconoceré tu imagen

Me embriagaré con el perfume de tu cuerpo
Encerrándolo en mi memoria como un tesoro
Te acariciaré, deslizándome como un pincel
Con la punta de un dedo, sobre el grano sedoso de tu piel

Te susurraré las palabras más ardientes
Nuestros abrazos nos harán temblar
Este gen no nos va a privar de amarnos
Con la punta de un dedo, tendremos que domarlo

Cuando mis manos a tientas reemplacen mis ojos
Escribir en este teclado se volverá arriesgado
Me animarás pacientemente a escribir
Con la punta de un dedo, grabaré nuestros recuerdos...

S'aimer à la volée

Ils s'aiment à la volée
Libres de suivre le vent
De l'envie, de l'instant
Leurs grains de folie se posent
A la surface d'un monde
Qu'ils rêvent en secret

Intimité, Intime terre
Attend l'averse de l'été
Les germes d'amour peuvent fleurir
Et s'étirer vers l'avenir

Lui le Cosmos
Aérien et sauvage
Elle Reine des Prés
Apaisante, inspirée
Ils sèment à la volée
Leurs serments parfumés

Ils ignorent l'automne
Et la moisson de larmes
Que connaîtra bientôt
Leur idylle estivale
Ils faneront radieux
Aux sillons des adieux...

Amarse a voleo

Ellos se aman a voleo
Libres para seguir el viento
De la envidia, del instante
Sus granos de locura se levantan
En la superficie de un mundo
Que sueñan en secreto

Intimidad, Íntima tierra
Espera el aguacero del verano
Las semillas de amor pueden florecer
Para estirar hacia el futuro

Él el cosmos
Salvaje y aéreo
Ella Reina de los Prados
Calmante, inspirada
Ellos siembran a voleo
Sus juramentos perfumados

Ignoran el otoño
Y la cosecha de lágrimas
Que pronto conocerá
Su idílico veraniego
Se marchitarán radiantes
En los surcos de la despedida...

Coeur de Montagnes

Assis sur ma terrasse je contemple vos cimes
Vos têtes enneigés se dressent dans les nues
Vous côtoyez le ciel, n'ayant peur de l'abîme
Géantes de granit, réjouissant la vue

Des forêts de pin vous parent de leurs teintes
Des sentiers forts ardus, dessinent sur vos flancs
Des rides bien ancrées ne vous portant atteinte
Que randonneurs hardis parcourent en sifflant

Alors je me transporte au pied de ces merveilles
Des ruisseaux chantonnant au milieu des prairies
Le doux chant des oiseaux que le printemps réveille
Me rappelle à quel point le Paradis est ici

Je chanterai vos noms, montagnes de gemmes
J'ai battu vos chemins par toutes les saisons
Montagnes de Calpe, Ô combien je vous aime
Tout comme au premier jour, à perdre la raison...

Corazón de Montañas

Sentado en mi terraza contemplo tus cimas
Sus cabezas nevadas se alzan en las nubes
Estan cerca del cielo, sin miedo al abismo
Gigantes de granito, que alegran la vista

Bosques de pinos que te dan sus colores
Senderos demasiado arduos dibujan en tus flancos
Arrugas bien arraigadas no te afectan
Que los valientes excursionistas recorren silbando

Entonces me traslade al pie de estas maravillas
Arroyos que cantan en medio de los prados
El dulce canto de los pájaros que la primavera despierta
Me recuerda lo lejos que está el cielo

Cantaré vuestros nombres, montañas de gemas
He batido tus caminos por todas las estaciones
Montañas de Calpe, oh cuánto os amo
Al igual que el primer día, a perder la razón...

Le gardien de ma maison

Une tache d'orange accrochant le regard
Un gris-beige de plumes
Un œil de perle noire où brûle une étincelle
Pour bec un petit clou
Des pattes d'allumettes
Trois notes métalliques en guise de cantate

Deux petits sauts de puce
Pour voir sous une feuille
Un froissement furtif jusqu'au vieil arrosoir
Une courbette éclair, comme un salut de page
Plus ici, déjà là, sans cesse en mouvement
Du troène au transat, de l'aulne à l'étendoir

Festonnant de ton vol l'espace de ta quête
Passant si près du chat qui fait semblant de rien
Faisant dix fois le tour de ton vaste domaine
De mon petit jardin
Loin de la canopée, des vagabonds du ciel
Loin des tailleurs de vent

Du côté des rampants, du peuple de la terre
Vivante fleur d'hiver, fidèle compagnon
Te voilà, rouge-gorge, mon ami
À Calpe, gardien de ma maison...

El guardián de mi casa

Una mancha de naranja que colgaba la mirada
Un gris-beige de plumas
Un ojo de perla negra donde arde una chispa
Para el pico un pequeño clavo
De las patas de cerillas
Tres notas metálicas como cantata

Dos pequeños saltos de pulga
Para ver debajo de una hoja
Un arrugado furtivo hasta el viejo regadero
Una curva rapida como un saludo de página
Más aquí, ya allí, siempre en movimiento
Del alameda a la cama, del aliso al tendedero

Festoneando tu vuelo el espacio de tu búsqueda
Pasando tan cerca del gato que finge nada
Haciendo diez vueltas por tu vasto dominio
De mi pequeño jardín
Lejos del dosel, de los vagabundos del cielo
Lejos de los sastres de viento

Del lado enredaderas, de la población de la tierra
Viva flor de invierno, fiel compañero
Aquí estás, mi amigo, petirrojo
En Calpe, guardián de mi casa...

Casa Niorto

C'est une maison rose au cœur de la banlieue
Au cœur mais isolée, et l'on dirait une île
Protégée des regards et des bruits de la ville
Des volets bleus fanés et un cœur au milieu

On dirait qu'elle veut se cacher à vos yeux
Au milieu des lilas, dissimulée, tranquille
Elle abrite un bonheur que l'on pressent fragile
Il y vit deux petits chats avec deux petits vieux

Au fil des mois ça sent soupes ou confitures
Ça sent la vie modeste peut-être même dure
Ça sent la nostalgie de leurs anciens espoirs

Assis, main dans la main, parfois devant leur porte
Et les yeux dans les yeux, le passé les emporte
Ça sent le souvenir du bonheur certains soirs...

Casa Niorto

Es una casa rosa en el corazón en las afueras
En el corazón, pero aislado, y parece una isla
Protegido de las miradas y ruidos de la ciudad
Persianas azules descoloridas y un corazón en el medio

Parece que quiere esconderse de tu ojos
En medio de las lilas, escondida, tranquila
Alberga una felicidad que se siente frágil
Vive allí dos gatitos con dos pequeños viejitos

Con el paso de los meses huele a sopas o mermeladas
Huele a vida modesta quizás incluso dura
Huele a nostalgia de sus antiguas esperanzas

Sentados, mano a mano, a veces en su puerta
Los ojos en los ojos, el pasado se lleva
Se siente el recuerdo de la felicidad algunas noches...

Fado du Rossignol

Cet oiseau là
A le ramage ébène
Plus doux que la soie
Mélange de romarin et de verveine

Cet oiseau là
Chante soir et matin
Berçant les bois de ses émois
De trémolos en refrains

Cet oiseau là
A des yeux aigue-marine
Fredonne l'amour et la joie
Dans les tranchées où la haine butine

C'est un petit oiseau
Posé sur la branche de mon coeur
L'étoile qui brille là-haut
Quand tout n'est plus qu'ombre et torpeur

C'est un petit oiseau
Virevoltant sur les sommets
Un trésor autant qu'un joyau
Une pépite d'or, un bijou brio
Caché en un bois secret

C'est un petit oiseau
Bien loin de toutes ces cages
Que dressent bandits et marauds
Trop empreints aux ravages

Fado del ruiseñor

Ese pájaro ahí
Con el ramaje de ébano
Más suave que la seda
Mezcla de romero y verbena

Ese pájaro ahí
Canta por la noche y por la mañana
Meciendo los bosques de su emoción
De trémolos en estribillos

Ese pájaro ahí
Tiene ojos aguamarina
Canta el amor y la alegría
En las trincheras donde el odio liba

Es un pajarito
Puesto en la rama de mi corazón
La estrella que brilla allá arriba
Cuando todo es sombra y torpor

Es un pajarito
Revoloteando en las cumbres
Un tesoro como una joya
Una pepita de oro, una joya brío
Escondido en un bosque secreto

Es un pajarito
Lejos de todas esas jaulas
Que alzan bandidos y saqueadores
Demasiado marcados a los estragos

C'est un petit oiseau
Un rossignol de satin
Sous ses ailes il fait beau
De matin en matin

Si vous apercevez à Calpe cet oiseau
Aux plumes d'or
Écoutez son chant, un fado
Et vous verrez... L'amour existe encore...

Es un pajarito
Un ruiseñor de satén
Bajo sus alas hace buen tiempo
De mañana a mañana

Si ves a este pájaro
Con plumas de oro, en Calpe
Escucha su canto, un fado
Y verás... El amor aún existe...

Petit village

C'est un petit village
Perché sur les rochers
Des toits en empilage
De maisons accrochées

Une ruine domine
Vieux donjon et rempart
Le soleil illumine
L'antique étendard

J'entends les attelages
Le pas lourd des chevaux
Frôlant les étalages
Variés des hâtiveaux

Les enfants en guenilles
S'esclaffent en courant
Sous les grandes charmilles
D'un vert exubérant

L'enclume, les varlopes
Des ciseaux, un marteau
Joutent dans les échoppes
L'art subi de l'étau

L'odeur fraîche de paille
Les effluves du foin
Le signal de la caille
Dans les blés d'or au loin

Pueblocito

Es un pueblocito
Encaramado sobre las rocas
Tejados en apilamiento
De casas colgadas

Una ruina domina
Vieja mazmorra y muralla
El sol ilumina
La antigua bandera

Oigo las yuntas de caballos
El paso pesado de los caballos
Rozando los estantes
Varios de las legumbres

Los niños en harapos
Se ríen mientras corren
Bajo las grandes arboledas
De un verde exuberante

El yunque, los cepillos
Tijeras, un martillo
Luchan en las tiendas
El arte causado de la mordaza

El fresco olor de la paja
Los efluvios del heno
La señal de la codorniz
En el trigo de oro a lo lejos

Qu'il fut beau ce village
Aujourd'hui déserté
Triste remue-ménage
De fausse liberté

De ceux partis en villes
Gagner de l'utopie
En devenant serviles
Mauvaise thérapie

Les ronces et les lierres
Dévorent les maisons
Accrochés aux meulières
Au rythme des saisons

Là-haut quelques corneilles
Assistent l'agonie
De ce qui fut merveille
Comble de l'ironie...

Qué hermoso fue este pueblo
Hoy desierto
Triste alboroto
De libertad falsa

De los que se fueron a las ciudades
Ganar de la utopía
Al volverse serviles
Mala terapia

Los zarzas y las yedras
Devoran las casas
Colgados de las piedras de molino
Al ritmo de las estaciones

Arriba unas cornejas
Asisten a la agonía
De lo que fue maravilla
Es colmo de la ironía...

Orange Éternelle

Si perdu dans le monde
Ne me restait qu'une seconde
Alors tu serais mon amoureuse onde

Si errant à travers l'univers
Ne brillait qu'une étoile solitaire
Alors tu serais ma lumière

Si oublié des Dieux dans le ciel
Qui n'abritait plus les immortels
Alors tu serais mon âme jumelle

Éternel, éternel
Mon amour pour toi est réel
Même si je ne suis qu'un mortel
J'ai le sentiment immortel
J'irai chercher un bout de ciel
Pour que perdure l'exceptionnel
Mon amour pour toi est éternel

Si même de l'inutile
Ne restait qu'un seuil fragile
Alors tu serais mon idylle tactile

Si une couleur était le bijou
Qui iriserait l'ultime sombre trou
Alors tu serais mon orange, mon tout

Déjà l'Orange Éternelle...

Eterna Naranja

Si perdido en el mundo
Sólo me quedaba un segundo
Entonces tú serías mi tiempo enamorado

Si errante a través de la galaxia
Sólo brillaba una estrella solitaria
Entonces tú serías mi luminosa patria

Si olvidado en el cielo de los dioses
Que ya no albergaba a los inmortales
Entonces tú serías mis esenciales

Eterno, eterno
Mi amor por ti es real
Aunque sólo sea un mortal
Tengo el sentimiento immortal
Iré a buscar un pedazo celestial
Para que perdure lo excepcional
Mi amor por ti es eterno

Si incluso de lo inútil
No quedaba más que un umbral frágil
Entonces tú serías mi idílico táctil

Si un color era la alhaja
Que sería iridiscente el oscuro zanja
Entonces tú serías mi media naranja

Ya eterna naranja...

Petit déjeuner aux Bassetes

J'ouvre les bleus volets de mes yeux endormis
Défroissant la paupière avec un geste lent
Je tire le rideau pour balayer la nuit
Plongée dans mon regard en cillant lentement

Je prends un bol d'azur et un sucre de vie
Un nuage de lait et la lune croissant
Tartinant le matin avec du pain de mie
Car je déjeune ainsi au soleil caressant

Puis j'effeuille l'aurore en pressant tel un fruit
Sa pulpe et sa fraîcheur avec des yeux d'enfant
Sur la nappe du ciel, quelques viennoiseries
Valsent au drap du jour et au foulard du temps

J'ouvre les bleus volets de mes yeux sans la pluie
Écoutant mes paupières se lever lentement
Je tire le rideau, l'horizon me sourit
Écrasé de lumière et d'un matin chantant...

Desayuno en Bassetes

Abro las azules persianas de mis ojos dormidos
Planchando el párpado con un movimiento lento
Estoy tirando de la cortina para barrer la noche
Sumergido en mi mirada parpadeando lentamente

Tomo un tazón de cielo y un azúcar de vida
Una nube de leche y la luna creciente
Untando la mañana con pan de molde
Porque así yo desayuno al sol acariciando

Entonces deshojo la aurora presionando como un fruto
Su pulpa y frescura con ojos de niño
Sobre el mantel del cielo, algunos pasteles
Bailan en la sábana del día y el pañuelo del tiempo

Abro las azules persianas de mis ojos sin la lluvia
Escuchando mis párpados levantarse lentamente
Estoy tirando de la cortina, el horizonte me sonríe
Aplastado por la luz y el canto de una mañana...

De midi à minuit

Midi aux îles Baléares
Pars
Et fuis les heures futiles
Île
Où le temps long s'échappe,
Chape
De plomb lourde t'écrase.
Rase
Les hauts murs en silence,
Lance
Un appel au secours !
Cours
T'abreuver d'un peu d'eau,
Dos
Brûlé par les rayons du soleil,
ciel
Mais tu préfères la nuit
Huis
Clos, sur un croissant d'or
…Alors dors !...

De mediodía a medianoche

Mediodía en las Islas Baleares
Vayas
Y huye de las horas fútiles
Isla
Donde el tiempo largo se escapa
Losa
Pesada te aplasta
Arrasa
Las altas paredes en silencio
Lanza
¡Una llamada de auxilio!
Corre
Beber un poco de agua,
Espalda
Quemado por los rayos del astro divino,
Cielo
Pero prefieres la noche
Ventanas
Cerradas, sobre una media luna de oro
...¡Así que duerme!...

Flambeau de demain

Quand de ses folles journées elle se sent affaiblie
Elle choisit le vieux banc qui domine les champs
Se laisse bercer par le bruit d'une vieille poulie
Et médite aux rayons des soleils couchants

Se laissant bercée aussi par la mélancolie
Elle écoute l'oiseau siffler ses derniers chants
Quelques notes joyeuses que bien vite elle oublie
Elle médite aux sommeils des soleils couchants

Plonger en soi, se laisser gagner par ses rêves
Parcourir son ciel intérieur aux mille soleils
Caresser les cailloux de l'âme sur les grèves
Et bâtir des châteaux aux lendemains vermeils

Même assiégés de tourments sans trêves
Garder l'espoir car nous sommes nés pareils
Êtres habités d'une flamme aux mille soleils
Phares de demain, chassant les ombres sur nos grèves...

Antorcha de mañana

Cuando de sus días locos se siente debilitada
Escoge el viejo banco que domina los campos
Se deja acariciar por el ruido de una vieja polea
Y medita en los rayos de las puestas de sol

Dejándose también arrullar por la melancolía
Escucha el pájaro silbar sus últimos cantos
Unas notas alegres que pronto olvida
Medita en el sueño de las puestas de sol

Sumergirse en sí mismo, dejarse ganar por sus sueños
Recorrer su cielo interior con mil soles
Acariciar las piedras del alma en las playas
Y construir castillos con amaneceres bermejos

Incluso asediados por tormentos sin tregua
Mantener la esperanza porque nacimos iguales
Seres habitados por una llama a los mil soles
Faros del mañana, ahuyentando las sombras sobre nuestra playa...

Sous l'aubépine

Poètes cet été à Calpe je vous lis
Dans l'ombre d'un arbre ami
Il a soif, réclame l'averse, le répit
Des matins frais brodés de rosée
Perle de nuit au diadème de l'esprit

Je l'ai voulu Chêne, robuste, tendrement
Prêt à s'attirer les foudres des envieux
Sans jamais qu'aucun tremblement
Ne trouble son silence ombrageux

Ou Orme à la sève sang, frondeur
Arbre rebelle et rassembleur
Des justes et des plaideurs
Gardien d'un monde de libres penseurs

Je leur ai préféré un buisson d'Aubépine
M'offrant sous ses branches d'épines
Les fleurs de la prudence
Et le parfum de l'espérance...

Bajo el espino

En Calpe poetas este verano os leo
A la sombra de un árbol amigo
Tiene sed, reclama la lluvia, el respiro
De las mañanas frescas bordadas de rocío
Perla de la noche a la diadema del espíritu

Lo he querido Roble, robusto, tierno
Listo para atraer los furios de los envidiosos
Sin nunca que ningún estremecimiento
No perturba su silencio sombrío

U Olmo a la savia de sangre, lanzador
Árbol rebelde y unificador
De los justos y de los litigantes
Guardián de un mundo de libres pensadores

Les he preferido un arbusto de Espino
Ofreciéndome bajo sus ramas de espinas
Las flores de la prudencia
Y el perfume de la esperanza...

Vent du Bonheur

Duo

Le vent du bonheur murmure des mots d'amour
À Calpe, pays de mon âme ensoleillée de velours
Le sourire puise ses éclats dans les nuées des rêves
La joie teinte la magie sitôt le silence devient sève

Le vent du bonheur murmure des mots d'amour
Embrasse des champs d'ivresse ô lac bel atours
Doré des sphères vertueuses du couchant de la vie
Partition des fleurs de papillon dans l'infini ravi

Le vent du bonheur murmure des mots d'amour
Parsemant l'esprit des saveurs du monde alentour
Du sommeil, boucle d'or, au sommet, fleur de plume
Explosion de la caresse aux lèvres soyeuses d'écume

Le vent du bonheur murmure des mots d'amour
Pétille l'heure bleue à faire battre le cœur du jour
Un rond de douceur digne des matin ailés
Tel le regard sélénique aux mille voies constellées...

Viento Felicidad

Dúo

El viento de la felicidad susurra palabras cariñosas
En Calpe, tierra de mi soleada alma de terciopelo
La sonrisa saca su brillo de las nubes de los sueños
La alegría tiñe la magia cuando el silencio se vuelve savia

El viento de la felicidad susurra palabras cariñosas
Besa campos de embriaguez oh hermoso lago atavíos
Dorado de las esferas virtuosas del ocaso de las vidas
Partición de flores de mariposa en el infinito encantado

El viento de la felicidad susurra palabras cariñosas
Esparciendo el espíritu de los sabores del mundo aledaños
Descanso, lazo de oro, en la cima, flor de pluma
Explosión de la caricia con los labios sedosos de espuma

El viento de la felicidad susurra palabras cariñosas
Burbujea la hora azul para hacer latir el corazón días
Un redondo de dulzura digno de las mañanas aladas
Como la mirada lunar de los mil vías consteladas...

Mots d'amour

Triolet

Où s'éteignent les mots d'amour
Quand ils se sentent rejetés
Dans une impasse, une cour
Où s'éteignent les mots d'amour
Lorsque ses appels restent sourds
Eux qui peuplaient de beaux étés
Où s'éteignent les mots d'amour
Quand ils se sentent rejetés

Il se peut que dans un chemin
Se penche vers eux le bonheur
Le tendre geste d'une main
Il se peut que dans un chemin
Se trouve une âme un baladin
Qui offre une partie de son cœur
Il se peut que dans un chemin
Se penche vers eux le bonheur

Alors l'amour sera sauvé
Il est des anges sur la terre
Qui vous permettent de rêver
Alors l'amour sera sauvé
Pour pouvoir ainsi s'élever
Et de retrouver la lumière
Alors l'amour sera sauvé
Il est des anges sur la terre...

Palabras de amor

Trío

Donde se apagan las palabras de amor
Cuando se sienten rechazados
En un callejón sin salida, un patio
Donde se apagan las palabras de amor
Cuando sus llamadas se quedan sordas
Ellas que poblaban los veranos hermosos
Donde se apagan las palabras de amor
Cuando se sienten rechazados

Puede ser que en un camino
Se inclina hacia ellas la felicidad
El suave gesto de una mano
Puede ser que en un camino
Hay un alma , un callejero
Que ofrece una parte de su corazón
Puede ser que en un camino
Se inclina hacia ellas la felicidad

Entonces el amor será salvado
Hay ángeles en la tierra
Que te permiten soñar
Entonces el amor será salvado
Para poder elevarse así
Y para recobrar la luz
Entonces el amor será salvado
Hay ángeles en la tierra...

Les Patios de Cordoue

Hendécasyllabe

Dans l'or rougeoyant du ciel, le soir descend
Révélant la symphonie des coloris
Sur les patios de Cordoue fleurissants
Là, s'admirent les milliers de pots fleuris

Œillets, jasmin, géraniums, muscari
Ornent les murs et escaliers verdissants
Mêlant la bougainvillée dans sa soierie
À agrémenter l'espace orangissant

Dans les chauds patios où l'amour se ressent
L'admiration danse et semble nourrie
D'émotion, de paix, au jour finissant
Garnissant l'euphorie de doux coloris

Dans l'or rougeoyant du ciel, le soir descend
Berçant le festival, primant la féerie
Dans les patios de Cordoue florissants
L'art floral se loue pour que la vie sourie...

Los Patios de Córdoba

En el oro enrojecido del cielo, la noche desciende
Revelando la sinfonía de los colores
En los patios de Córdoba florecientes
Allí, miles de maceteros floridos rinden homenaje

Para decorar el espacio anaranjado
Jazmín, geranios, petunia, claveles
Adornan las paredes y escaleras verdes
Aliando la buganvilla en su denso tejido

En los patios calientes donde el amor se siente
La admiración baila y parece alimentada
De emoción, de paz, al final del día
Engalanando la euforia con un color suave

En el oro enrojecido del cielo, la noche desciende
Meciendo el festival, primando la magia
En los prósperos patios de Córdoba
El arte floral se alaba y así la vida sonríe...

Nos infinis printemps

Glose

Mon aimé, mon amant, le garant de mes nuits
Toi, qui soir après soir, mon rêve t'accompagne
J'irai te retrouver, m'abreuver à ton puits
Demain, dès l'aube, à l'heure où blanchit la campagne

Si l'oubli est saison il doit être l'automne
Je m'effeuille et ternis... au temps, je me suspends
Et lorsqu'il gèlera sur ma peau qui frisonne
Je partirai. Vois-tu, je sais que tu m'attends

Les doux mois reviendront, effaçant mon hiver
J'accueillerai la pluie comme unique compagne
Elle sera muraille et lors, à son travers
J'irai par la forêt, j'irai par la montagne

Les jours sont des menteurs, ils m'éloignent de nous
Qui ne vivrons jamais nos infinis printemps
Je me livre à présent faisant fi des tabous
Je ne puis demeurer loin de toi plus longtemps...

***

Glose sur le premier quatrain de
"Demain, dès l'aube"...Victor Hugo

Demain, dès l'aube, à l'heure où blanchit la campagne
Je partirai. Vois-tu, je sais que tu m'attends
J'irai par la forêt, j'irai par la montagne
Je ne puis demeurer loin de toi plus longtemps

Nuestra infinita primavera

Glosa

El garante de mis noches, mi amante, mi cariño
Tú, que noche tras noche, mi sueño te acompaña
Iré encontrarte, beberme a tu pozo
Mañana, al amanecer, a la hora donde blanquea la campaña

Si el olvido es temporada debe ser el otoño
Me despellejo y empañado... al tiempo, me suspendería
Cuando se congelará sobre mi piel que tiembla
Me iré. Ves, sé que me estás esperando

Los meses dulces volverán, borrando mi invierno
Recibiré la lluvia como única compañera
Será muralla y cuando, a través de ella
Iré por el bosque, iré por la montaña

Los días son mentirosos, me alejan de nosotros
Que nunca viviremos nuestra infinita primavera
Me entrego ignorando los tabúes ahora
No puedo estar lejos de ti más tiempo...

***

Glosa sobre la primera cuarteta de
"Mañana, al amanecer"...Victor Hugo

Mañana, al amanecer, a la hora donde blanquea la campaña
Me iré. Ves, sé que me estás esperando
Iré por el bosque, iré por la montaña
No puedo estar lejos de ti más tiempo

Frivole Été

Juillet nous entraîne dans un tourbillon de couleurs
Fleurs et fruits colorent les vergers et les prés
Qu'il est doux de flâner dans les bois baignés de chaleur
De respirer l'air chaud en cheminant par les sentiers

L'alouette à Calpe s'élève haut dans le ciel
Pour chanter dessus les champs de blé
Dans la campagne étourdie de soleil
La moisson débute déjà le seigle est coupé

D'une fleur à l'autre l'abeille travaille
Les hommes se hâtent pour renter les foins
Il faut faire vite, l'orage n'est pas loin
Il sera temps alors de nourrir le bétail

Avec toi, j'aime m'allonger dans l'herbe sèche
Le soleil de ses rayons caresse tes joues hâlées
Sur ta peau de pêche, j'embrasse tes lèvres fraîches
Il n'y a pas de doute, l'été est la saison de toutes frivolités...

Frívolo Verano

Julio nos arrastra en un remolino de colores
Flores y frutas colorean los huertos y
Qué dulce es pasear por los bosques bañados de calor
Respirar el aire caliente en caminando por los senderos

La alondra en Calpe se eleva en el cielo
Para cantar encima los campos de trigo
En el campo aturdido de sol
La cosecha ya comienza el centeno se corta

De una flor a otra la abeja trabaja
Los hombres se apresuran a recoger el heno
Hay que hacer rápido, la tormenta no está lejos
Entonces será hora de alimentar al ganado

Contigo, me gusta tumbarme en la hierba seca
El sol de sus rayos acaricia tus mejillas bronceadas
Sobre tu piel de melocotón, beso tus labios frescos
No hay duda, el verano es la temporada de todas las frivolidades...

Matin d'été

Le p'tit vélo de mon cerveau
A une roue voilée, plutôt
Des idées qui déraillent
Dans ma tête en bataille

Hachée menue la nuit encor'
Et pourtant j'aime les aurores
La tasse de café noir
Et les oiseaux bavards

Goûter ce doux mélange
Sur ma langue, la boisson noire et franche
De chants si clairs aux tons étranges
Comme un cadeau de ma nuit blanche

Je ferme les volets miel
Sur la fraîcheur d'une pensée de paix
Cueillie dans les soupirs du ciel,
Déjà à Calpe… Voici le soleil qui apparaît…

Mañana de verano

La pequeña bicicleta de mi cerebro
Tiene una rueda velada, en cambio
Ideas que se descarrían
En mi cabeza en batalla

Picada menuda la noche todavía
Pero me gustan las auroras
La taza de café negro
Y los aves hablan mucho

Prueba esta dulce mezcla
Sobre mi lengua, la bebida negra y franca
De cantos tan claros con tonos extraños
Como un regalo de mi noche blanca

Yo cierro las persianas color miel
Sobre la frescura de paz un pensamiento
Recogido en los suspiros del cielo
Ya en Calpe... aquí está el sol que aparece...

Été sur la plage

Un soir d'été autour d'un feu dansant
Sur la plage de la Fossa mouillée de sable blanc
Une guitare joue au clair de lune
Une mélodie aux accents nocturnes

Le clair-obscur de ces flammes dessine
Le soyeux visage aux traits androgynes
De jeunes femmes aux pâles portraits
Sises au milieu de tissus froissés

Leurs cheveux s'entremêlent dans le vent
Au gré de leurs gestes tendres et lents
La courbe d'un sein se dessine au fil
De Sélène caresses si subtiles

Alors de leurs longs baisers sensuels
De leurs lèvres nouées au goût vermeil
Coulent sur leurs angéliques visages
Les larmes du désir d'un bonheur sage...

Verano en la playa

Una noche de verano alrededor de un fuego bailando
En la playa de la Fossa mojada de arena blanca
Una guitarra toca a la luz de la luna
Una melodía con un acento nocturno

El claro-oscuro de estas llamas dibuja
La cara sedosa con rasgos andróginos
Mujeres jóvenes con retratos pálidos
En medio de tejidos arrugados sentadas

Sus cabellos se entremezclan en el viento
Con sus gestos lentos y suaves
La curva de una mama se dibuja en el hilo
De caricias lunares tan sutiles

Entonces de sus largos besos sensuales
De sus labios nudos al gusto bermejo
Fluyen sobre sus rostros angelicales
Las lágrimas del deseo de una felicidad sabia...

Le vieux pont

Au-dessus d'une rivière où son reflet changeant
À Calpe, se mire au ras de l'onde qui le scrute
D'arche en arche le pont monte sa force brute
En lançant vers le ciel quatre piliers d'argent

« Plus loin ! » « Saute ! » « Bondis sur les flots prolongeant
L'élan qui t'a fait naître » Et le brave pont lutte
Et chevauche le vide où sans craindre la chute
Depuis la berge, il joint l'autre rive en plongeant

« J'arrête... » dit la rue «... où le pont lui traverse »
De sa longueur voulant joindre la rive inverse
Immobile, il franchit tout l'espace en un bond

Tout là-bas, le voici, le vaillant édifice
Malgré son sort, malgré la peur, malgré le fond
Des eaux troubles qu'il toise, il en a fait son office !...

El viejo puente

Por encima de un río donde su reflejo cambiante
En Calpe, se mira a la altura de la onda que lo escruta
De arca en arca el puente sube su fuerza bruta
Lanzando hacia el cielo cuatro pilares de plata

"¡Más lejos! " "¡Salta! " "Brinca en el flujo que prolonga
El impulso que te ha hecho nacer " Y el valiente puente lucha
Y cabalga el vacío donde sin temer la caída
Desde la orilla se une sumergiendo a la otra ribera

"Me detengo..."dice la calle "... donde el puente le cruza"
De su longitud que quiere unirse a la orilla opuesta
Inmóvil, atraviesa todo el espacio en un salto

Todo allá, aquí está, el valiente edificio
A pesar de su destino, a pesar del miedo, a pesar del fondo
De las aguas turbias que mira, ¡lo ha hecho su oficio!...

La barque du plaisir

Une barque immobile au milieu de l'étang
Un soleil rougeoyant descend sur la colline
Embrase de rubis l'eau calme qu'il illumine
Deux ombres dans la barque dans la nuit qui s'étend

La barque se balance... Est-ce le vent d'Autan
Taquin qui la bouscule ? La barque se dandine
Berçant ses passagers sur l'onde grenadine
Deux ombres qui chahutent sans voir passer le temps

Deux ombres encore distinctes dans la pénombre obscure
Deux ombres qui s'approchent cueillant comme Épicure
Les plaisirs que réclament leurs sens inapaisés

Qui ne font plus qu'une ombre, puis plus d'ombre du tout
Nus, couchés dans la barque mais la nuit les absout
Et l'on entend des bruits de rire et de baisers à Calpe...

La barca del placer

Una barca inmóvil en medio del estanque
Un sol brillante desciende sobre la colina
Se enciende de rubí el agua calma que ilumina
Dos sombras en la barca en la noche que se extiende

La barca se balancea... ¿Es el viento sureño
Juguetón que la empuja? La barca se tambalea
Meciendo sus pasajeros en la onda granadina
Dos sombras que arman jaleo sin ver el tiempo

Dos sombras aún distintas en la penumbra oscura
Dos sombras que se acercan recogiendo como Epicuro
Los placeres que reclaman sus sentidos inextinguidos

Que no hacen más que una sombra, luego no sombra en absoluto
Desnudos, acostados en la barca pero la noche los absuelve
Se oyen ruidos de risas y besos en Calpe...

De l'Or

Le soleil dans les cheveux de l'arbre
Divulgue mon enfance aux plissements du temps
Pendant que des coronilles
À l'heure des jaunes en lice
Pendant que des brindilles
Complotent infiniment
À Calpe tranquillement

Les grandes allumettes
Aux flammèches d'or
Perturbent le regard de mille et un serments
Et ces blés de lumière dans mes yeux presque noirs
Ravivent un chemin
Éclairé par un beau soleil
Où dansent les abeilles
Et le miel des grimoires...

Del Oro

El sol en el cabello del árbol
Divulga mi infancia a los plegamientos del tiempo
Mientras que las coronillas
En la hora de los amarillos en concurso
Mientras las ramitas
Conspiran infinitamente
En Calpe tranquilamente

Las grandes cerillas
Con las chispas de oro
Perturban la mirada de mil y un juramentos
Y esos trigos de luz en mis ojos casi negros
Reavivan un camino
Iluminado por un sol hermoso
Donde bailan las abejas
Y la miel de los grimorios...

Le Miroir aux Moissons

Les chaumes d'or brillent au soleil
Dont les cupides joailliers s'émerveillent
Éphémère richesse qui ce soir s'évanouira
Lorsque le dieu Ra s'éteindra

Il en est de même où l'on paie un prix fou
Des plaisirs, des jeux et passe-temps
Qui à la faveur du temps
Ne vaudront pas un clou

Miroirs aux alouettes
Dupant les naïves petites bêtes
Se fiant aveuglément aux reflets de moire
Qui ne sont qu'ersatz de l'astre de gloire

Les chaumes d'or brillent au soleil
Dont les cupides joailliers s'émerveillent
Éphémère richesse qui ce soir s'évanouira
À Calpe, lorsque le dieu Ra s'éteindra...

El Espejo de las Cosechas

Las cañas de oro brillan al sol
De los que se maravillan los codiciosos joyeros
Efímera riqueza que esta noche se desvanecerá
Cuando el dios Ra se extinguirá

Lo mismo ocurre cuando se paga un precio alocado
Placeres, juegos y pasatiempos
Que en el favor del tiempo
No valdrán un clavo

Espejos de las alondras
Engañando a las pequeñas bestias ingenuas
Confiándose ciegamente en los reflejos de muaré
Que no son más que un sustituto del astro de gloria

Las cañas de oro brillan al sol
De los que se maravillan los codiciosos joyeros
Efímera riqueza que esta noche se desvanecerá
En Calpe, cuando el dios Ra se extinguirá...

Incendie Rougeoyant

Sorcellerie lorsque la nuit s'allume
Le ciel n'en finit plus de s'embraser
Le feu accourt, la lande se consume
Frôle la mer d'un bien ardant baiser

Figés les yeux, pincées les lèvres
Le regard ne sait où se poser
Perdu entre frayeurs ou fièvres
Brasier d'un pin qui rougit d'un baiser

Le feu se moque bien de l'homme
Ses lances ne sauront l'épuiser
Vulcain ou Adonis on le nomme
L'un veut aider, l'autre nous baiser

D'un éclat de verre il s'amuse
D'un mégot que l'on oublie d'écraser
D'une lettre d'adieu qu'on refuse
De lire jusqu'à son dernier baiser

Un village brûle, une sirène sonne
Des centaines de vies vont se briser
Hommage au pompier, qui la sienne donne
Pour une simple médaille, assortie d'un baiser...

Incendio Enrojecido

Brujería cuando la noche se enciende
El cielo no deja de arder
El fuego se acerca, el brezal se consume
Bordea el mar con un ardiente beso

Los ojos se congelaron, los labios se pellizcaron
La mirada no sabe dónde posarse
Perdido entre sustos o fiebre
Fuego de un pino que se ruboriza con un beso

El fuego no se preocupa por el hombre
Sus lanzas no podrán agotarlo
Vulcano o Adonis se le llama
Uno quiere ayudar, el otro nos jode

De un fragmento de vidrio se divierte
De un cigarrillo que se olvida de aplastar
De una carta de despedida que se rechaza
De leer hasta su último beso

Una aldea arde, suena una sirena
Cientos de vidas se van a romper
Homenaje al bombero, que da lo suyo
Por una simple medalla, acompañada de un beso...

Au fauve vespéral

Aux silences des jours, on rêve de couchants
De soleils alanguis sur la face du vent
L'horizon se souvient, les paupières mi-closes
Que le ciel s'est perdu dans les plis d'une rose

À l'heure des labours, les chevaux fatigués
Dans une allure lente alignent leurs sillons
La lune pleine au soir continue de vaguer
Sur la houle du temps offrant son vermillon

Des âmes isolées dénudées affleurent le rivage
D'une mer inlassable avançant ses rouleaux
Le cœur de la marée hurle des mots sauvages
À nos mains agrippées aux visages des flots

Au fauve vespéral, le feu devient ardent
Puis dévale fougueux des collines les flancs
Nos regards embrasés cadencent notre peau
Espérons que demain ne vienne pas trop tôt...

Al rojizo vespertino

En los silencios de los días, se sueña crepúsculo
Soles angostos en la cara del viento
El horizonte se recuerda, los ojos entreabiertos
Que el cielo se ha perdido en los pliegues de una rosa

En la hora del labrado, los caballos cansados
En un paso lento alinean sus surcos
La luna llena en la tarde sigue vagando
Sobre el oleaje del tiempo ofreciendo su vermillón

Almas solitarias desnudas afloran la orilla
De un mar incansable que avanza sus rollos
El corazón de la marea grita palabras salvajes
En nuestras manos aferradas a los rostros de las olas

Al rojizo vespertino el fuego se hace ardiente
Luego, desliza impetuoso de las colinas los flancos
Nuestros ojos encendidos hacen que nuestra piel se mueva
Esperemos que mañana no venga demasiado pronto...

Ressentir la vie en automne

Des feuilles orangées tapissent le sol
Recouvrant l'herbe verte au petit matin
L'odeur de la pluie chasse les campagnols
D'un tas de bois qui attend son destin

Le parfum de l'humus vient nous imprégner
La nature automnale se prépare au sommeil
Chausser les bottes et les chemins arpentés
La forêt silencieuse n'est que pure merveille

Des traces de sanglier
Ayant fouillé le sol de leurs groins
A la recherche d'un déjeuner
Tu serres un peu plus fort ma main

Dans le sol humide nos empreintes s'impriment
Sur ce chemin s'élève doucement la brume
Le soleil réchauffe la nature pour qu'elle s'anime
Nos cœurs sont aussi légers que le sont des plumes

Au loin, traverse un chevreuil
Dérangé par le bruit de nos pas
Au dessus de nos têtes s'agitent les feuilles
Un rossignol chante ici ou là

Le brame du cerf dans la clairière a résonné
Ne plus bouger, l'un contre l'autre rester blottis
Observer faune et flore besoin de les protéger
Avoir conscience de sentir en nous vibrer la vie...

Sentir la vida en otoño

Hojas anaranjadas cubren el suelo
Recogiendo la hierba verde en la mañana
El olor de la lluvia caza los topillos
De un montón de madera que espera su destino

El aroma del humus nos impregna
La naturaleza otoñal se prepara para dormir
Calzar las botas y los caminos recorridos
El bosque silencioso es una maravilla

Huellas de jabalí
Habiendo sondeado el suelo con sus hocicos
En busca de un almuerzo
Aprietas un poco más fuerte mi mano

En el suelo húmedo se imprimen nuestras huellas
En este camino se levanta suavemente la bruma
El sol calienta la naturaleza para que se anime
Nuestros corazones son tan ligeros como las plumas

En la distancia, atraviesa un ciervo
Perturbado por el sonido de nuestros pasos
Por encima nuestras cabezas se agitan las hojas
Un ruiseñor canta aquí o allá

El grito del ciervo en el claro resonó
No se mueva, acurrucados uno contra otro
Observar fauna y flora necesidad de protegerlos
Tener conciencia de sentir en nosotros vibrar la vida...

Bleu Ciel d'été

Bleu ciel de l'aube irisé de copeaux pastel
Au réveil empourpré, palpitant de promesses
Récitées çà et là par un chant de sittelle
Sortant la canopée de sa torpeur épaisse

Bleu ciel de l'aurore en arpèges enjouées
D'un soleil trop piquant pour des yeux qui se plissent
Mais on lui pardonne nos songes bafoués
Soumis au bon vouloir d'un radieux supplice

Bleu ciel de midi, pâle et chaud comme la braise
Fardé d'une lumière avare de répit
Quand tout est dévoilé, que les oiseaux se taisent
Camouflés par les branches d'un olivier ami

Bleu ciel du soir, soupir ambré par les nuances
Aux ombres allongées instillant la fraîcheur
Que la boule de feu, en achevant sa danse
Au chevet de la plaine octroie à contre-cœur

Bleu ciel de nuit, parfumé d'aveugles murmures
Où les rêves d'amour éclosent en silence
Et la terre s'assoit dans cette salle obscure
Les étoiles sont là et le spectacle commence...

Azul Cielo de verano

Azul cielo del alba irisada de virutas pastel
Al despertar enrojeciendo, palpitante de promesas
Recitadas de aquí para allá con un canto de Sitta azurea
Sacando el dosel de su torpor espesa

Azul cielo de la aurora en juguetones arpegios
De un sol demasiado picante para ojos que se arrugan
Pero le perdonamos nuestros sueños frustrados
Sometido a la voluntad de un radiante suplicio

Azul cielo de mediodía, pálido y caliente como la brasa
Envuelto con una luz avaro de descanso
Cuando todo está expuesto, que los pájaros se callen
Camuflados por las ramas de un olivo amigo

Azul cielo de la noche, suspiro ámbar por los matices
A las sombras alargadas que infunden la frescura
Que la bola de fuego, al terminar su danza
A la cabecera de la llanura concede a regañadientes

Azul cielo de la noche, perfumado con susurros ciegos
Donde los sueños de amor brotan en silencio
Y la tierra se sienta en esta sala oscura
Las estrellas están ahí y el espectáculo comienza...

Musique du coeur

Cette clef ne ferme pas de porte
Elle est comme un joli passe-partout
Qui crochète entre des lignes accortes
Des émois noirs ou blancs ou doux

Sur la première ligne s'aiguise le regard
Comme une **MI**se au point sur un heureux hasard
La deuxième se caresse du bout des doigts
Épouse la **SOL**itude d'une peau qui a froid

A la troisième on reste bouche bée
Sur un **SI**lence qui dit "oui" à moitié
La quatrième résonne de jeux d'esprit
Sans dièse et sans bémol aux douces **Rê**veries

Le cœur léger s'envole sur la cinquième
Au Vibrato d'un **FA**buleux "je t'aime"
Une clef de **SOL** comme en éveil
Sur une portée sensorielle

La musique du cœur s'écrit en noir et blanc
Au rythme lent de nouveaux sentiments...

Música del corazón

Esta llave no cierra la puerta
Es como una bonita llave maestra
Que abre entre líneas acogedoras
Emociones negras o blancas o suaves

En la primera línea se agudiza la **MI**rada
Como un desarrollo en una feliz casualidad
La segunda se acaricia con las yemas de los dedos
Se casa con la **SOL**edad de una piel que tiene frío

A la tercera uno se queda boca abierta
En una **SI**lencio que dice "sí" a medias
La cuarta **RE**sonancia de los juegos mentales
Sin diesis y sin bemol a las dulces ensoñaciones

El corazón ligero vuela sobre el quinto
Al Vibrato de un **FA**buloso "te quiero"
Una llave de **SOL** como al despertar
Sobre un alcance sensorial

La música del corazón se escribe en blanco y negro
Al ritmo lento de un nuevo sentimiento...

Musique de nuit

J'entends de la musique au milieu de la nuit
Comme une symphonie qui perce le silence
Et je retiens mon souffle pour étouffer un bruit
Et c'est mon cœur alors, qui frappe la cadence

J'entends de la musique au milieu de la nuit
Peut-être les étoiles qui chantent simplement
Ou c'est peut-être un ange qui s'arrête et séduit
De son chant mélodieux, les astres dansants

J'entends de la musique au milieu du silence
C'est seulement un souffle qui caresse la nuit
Et c'est mon cœur aussi, qui frappe la cadence
Puis voilà qu'ils s'endorment, et le silence suit...

Música de noche

Oigo música en medio de la noche
Como una sinfonía que traspasa el silencio
Y retengo mi respiración para ahogar un ruido
Y es mi corazón entonces, que late la cadencia

Oigo música en medio de la noche
Tal vez las estrellas que simplemente cantan
Or quizás es un ángel que se detiene y seduce
De su canto melodioso, los astros dansan

Oigo música en medio del silencio
Es solo un soplo que acaricia la noche
Y también es mi corazón que late la cadencia
Entonces se duermen y el silencio sigue...

Sanglot de guitare

Dernier accord, dernier envol
Sans un effort, sans crier gare
Des tournes-do, des tournes-sol
Dernier sanglot de la guitare

Dernier sourire, dernier soupir
Un entrechat, un entre sol
Et puis soudain, s'en va mourir
Puis elle se tait, sans un bémol

Et dans la nuit, alors s'efface
Une caresse, à petit feu
Laissant le lieu, laissant la place
À un silence, à un adieu

Dernier accord, dernier envol
Elle est partie, sans crier gare
La clé des champs, la clé de sol
Meurt le chant d'une guitare...

Sollozo de guitarra

Último acorde, último vuelo
Sin esfuerzo, sin aviso
De las giras-do, de las giras-sol
Último sollozo de la guitarra

Última sonrisa, último suspiro
Un entrechat, un entre Sol
Pero de repente se va a morir
Entonces se calló, sin un bemol

Y en la noche, entonces se desvanece
Una caricia, a fuego lento
Dejando el lugar, dejando el espacio
Al silencio, a la despedida

Último acorde, último vuelo
Se fue sin avisar
La llave de los campos, la llave de Sol
Muere el canto de una guitarra...

Magique Mélodie

Quand d'une pure passion
Surgit la divine mélodie
De sons clairs en fusion
Qui volent comme par magie

Quand les doigts se promènent
Et doucement effleurent
Touches de noir ébène
Et d'éburnéen endiableur

Quand la féerie réveille
Du fond de sa torpeur
Et vibre ses merveilles
Á s'exploser le coeur

L'artiste dans le Zéphyr
Livre son âme aux Dieux
Jouant jusqu'à périr
Jusqu'à affleurer les cieux

Et nous cède l'Amour en cadeau
Un monde de bonheur
Où tout semble si beau
Qu'on envie son malheur...

Mágica Melodía

Cuando de una pura pasión
Surge la divina melodía
Sonidos claros en la fusión
Que vuelan como por magia

Cuando los dedos se pasean
Y suavemente rozan
Toques de negro ébano
Y de marfil en diablo

Cuando la magia despierta
Desde el fondo de su torpor
Y vibra su maravilla
A explotar el corazón

El artista en el Céfiro
Entrega su alma a Dios
Hasta a morir, jugando
Hasta que afloren los cielos

Y nos ofrece el Amor como regalo
Un mundo de felicidad
Donde todo parece tan apuesto
Que envidien su infelicidad...

Symphonie

Duo

Symphonie j'ai attendu si longtemps
Les années sont passées trop vite
Et mes rêves au cours du temps
Ont pris la couleur de l'anthracite

Symphonie je t'ai longtemps écouté
Et je t'ai secrètement espéré
Bercer les mystères de mon âme
Afin que nos cœurs s'enflamment

Aujourd'hui je rêve en couleur
D'une symphonie fleurant mon cœur
D'une poésie que je croyais tarie
Où tous les espoirs sont permis

Cette symphonie je vous la dédie
Vous qui avez su m'émerveiller
Pour que le feu vienne se poser
Sur le bord d'une douce fantaisie

Symphonie, océan de ma sensualité
Un air de liberté au goût passionné
Deviendra l'infini dans l'éternité
Et malgré tout ce ne sera pas assez…

Sinfonía

Dúo

Sinfonía he esperado tanto tiempo
Los años han pasado demasiado rápido
Y mis sueños en el tiempo
Han tomado el color del antracita

Sinfonía te he escuchado mucho tiempo
Y he esperado en secreto
Acurrucarse en los misterios de mi alma
Para que nuestros corazones se enciendan

Hoy sueño en color
De una sinfonía que florece mi corazón
De una poesía que creía seca
Donde todas las esperanzas son permitidas

Esta sinfonía os la dedico
Tú que me has asombrado
Para que el fuego venga a posarse
En el borde de una dulce fantasía

Sinfonía, océano de mi sensualidad
Un aire de libertad con un sabor apasionado
Se convertirá en el infinito en la eternidad
Y a pesar de todo esto no será suficiente...

Au solfège de la vie

La vie est un solfège
Obscur, laborieux, avec des pièges
On déchiffre, on apprend
On décrypte au fil du temps

Elle commence par une clef de sol
En début de gondole
Invitant la mélodie
Que l'on souhaite... jolie

Parfois il y a des bémols
Chargés au vitriol
Transformant la romance
En chagrin ou errance

Mais il suffit de quelques dièses
Et c'est la ritournelle
On aime, on est ravi que cela plaise
La vie est belle !

Et dans cet Allégro
Qui nous remplit le cœur
Semé de Vibratos
Ça sent bon... le Bonheur...

En el solfeo de la vida

La vida es un solfeo
Oscuro, laborioso, con trampas
Se descifra, se aprende
Se descifra con el tiempo

Comienza con una clave de suelo
En principio de la góndola
Invitando a la melodía
Que deseamos... bonita

A veces hay bemoles
Con carga de vitriolo
Transformando el romance
En pena o vagabundeo

Pero bastan unos pocos diesis
Y es el ritornello
Nos gusta, estamos encantados de que le guste
¡La vida es hermosa!

Y en este Allegro
Que llena nuestro corazón
Sembrado de Vibrato
Huele bien... la felicidad...

Le Pin magnifique

J'ai gravé sur un pin ton nom et mon amour
Pour que chaque saison rêve à ton souvenir
Les animaux des bois y trouveront secours
Lorsque l'hiver blanchira le ciel couleur saphir

Dans le massif Montserrat naîtra la perce-neige
Annonçant le printemps que la Nature espère
L'éveil sera beau sous le nuage beige
Car ton nom lui sera l'immuable repère

Quand l'air de ton parfum aura un goût d'été
La chaleur du soleil, retrouvant sa tunique
Fera danser l'oiseau, ravi de liberté

Les cheveux grisonnants, sur le tard de l'automne
Je m'assoirai au pied de ce pin magnifique
Pour enfin me reposer sous ton nom qui résonne...

El magnífico Pino

He grabado sobre un pino mi amor y tu nombre
Para que cada estación sueñe con tu recuerdo
Los animales del bosque encontrarán soporte
Cuando el invierno blanqueará el cielo color zafiro

En el macizo Montserrat nacerá la narciso de la nieve
Anunciando la primavera que la naturaleza espera
El despertar será hermoso bajo la nube beige
Porque tu nombre será su inmutable referencia

Cuando tendrá con sabor a verano el aire de tu fragancia
El calor del sol, encontrando su túnica
Hará bailar al pájaro, encantado de libertad

El cabello canoso, a finales de otoño
Me sentaré al pie de este magnífico pino
Para descansar por fin bajo tu nombre que resuena...

La Rose et le Renard

Un renard, si désespéré de sa vie morose
Vint vérifier le contenu d'une basse-cour
Espérant trouver en ce lieu le grand amour

Une rose éperdue, isolée dans un bosquet
Dodelinait au gré des bourrasques de vent
Ses effluves parfumés attirant les passants

Le renard à la queue chatoyante fut déçu
Des caquetages assourdissants des volailles
Et commença à errer dans les broussailles

La Rose voyant le passage des bourdons
Éloigner d'elle sa quête de l'âme sœur
Enferma dans ses pétales, son petit cœur

Renard, évitant fromage et noirs corbeaux
Déprimé d'une fatigue issue du désespoir
S'allongea devant un bosquet, le regard noir

Et alors, il vit un être, sa promise, sa fleur,
Et Dame Rose se noya aussi dans ce regard
Que lui distilla, notre malheureux renard

Notre belle Rose ouvrit grand ses pétales,
Pour capturer l'animal aux yeux tristes
Et le malin de sa rose devint le fleuriste

De cette rencontre surnaturelle et inattendue,
Cette histoire donne aux amants le meilleur
Aucune différence ne peut aller contre le cœur...

La Rosa y el Zorro

Un zorro, tan desesperado por su vida sombría
Vino a comprobar el contenido de un corral
Esperando encontrar en este lugar el gran amor

Una rosa perdida, aislada en un bosquecillo
Se movía con las ráfagas de viento
Sus fragancias perfumadas atraen a los transeúntes

El zorro con la cola brillante se decepcionó
Los cacareos ensordecedores de las aves
Y comenzó a vagar por los matorrales

La Rosa viendo el paso de los abejorros
Alejar de ella su búsqueda del alma gemela
Encerró su corazoncito, en sus pétalos

Zorro, evitando queso y cuervos negros
Deprimido por la fatiga salida de la desesperación
Se tumbó frente a un bosquecillo, la mirada negra

Entonces, vio un ser, su prometida, su flor
Y Lady Rosa se ahogó también en esa mirada
Que él destila, nuestro pobre zorro

Nuestra bella Rosa abrió sus pétalos,
Para capturar al animal de ojos tristes
El malvado de su rosa se convirtió en florista

De este encuentro sobrenatural e inesperado,
Esta historia da a los amantes lo mejor
Ninguna diferencia puede ir contra el corazón...

Légende

Et le monde ainsi fait de tendre
Écrivait à l'endos d'un chemin
Que deux cailloux font un sentier
Bordé de lilas et de tout écrin

Avec la plume, on a écrit
À l'ancre du plus loin
un poème loufoque ici
Le vers est un lieu certain

On y prose sa pierre
Au gré de ses envies
On y pose ses revers
Tel un dé jeté, arrondi

Hasard est le coteau
La plaine est un chêne
L'eau fuit le ruisseau
Sans sève sereine

C'est la vie d'une source
Qu'a puisé une légende
Un hiver qui se fait ours
Le hibou a l'œil lavande

La chouette fait le miquelot
Et le loup a du boulot...

Leyenda

Y así el mundo hace tierno
Escribía a costa de un camino
Que dos piedras hacen un sendero
Rodeado de lilas y cualquier entorno

Con la pluma se escribó
En el ancla de más lejos
Aquí un poema loquisímo
El verso es un lugar seguro

Se prosa sus piedras
A la medida de sus deseos
Se colocan sus derrotas
Como un dado tirado, redondeado

El azar es la ladera
La llanura es un roble
El agua del arroyo se huye
Sin savia serena

Es la vida de un motivo
Que ha sacado una leyenda
Un invierno que se hace oso
El búho tiene el ojo lavanda

La lechuza hace rostro hipócríto
Y el lobo tiene curro...

Baiser de Lune

Sur ma couche un rayon s'allume
Tout l'oreiller vient s'embraser
La nuit mon rêve se consume
Me restera-t-il un baiser

Je sens la chaleur sur mes lèvres
Une douceur vient se poser
Dois-je redouter quelques fièvres
Pour un cadeau d'un fin baiser

Ce n'est pas une offre d'un homme
Don toujours prêt à s'épuiser
Mais un frôlement que l'on nomme
Un trait de lune ce baiser

Le rayon s'infiltre et s'amuse
De sa force vient s'écraser
Ma joue brûlante le refuse
Car seul mon cœur veut ce baiser

Mais voilà le réveil sonne
Le songe vient de se briser
Un clair de lune parfois donne
Comme une empreinte d'un baiser...

Beso de Luna

En mi cama se enciende un rayo
Toda la almohada se enciende
Por la noche mi sueño se consume
Me quedará un beso

Siento el calor en mis labios
Una dulzura viene a ponerse
Debo temer algunas fiebres
Por un regalo de un fino beso

No es una oferta de un hombre
Don siempre listo para agotarse
Pero un roce que se llama
Un trazo de luna este beso

El rayo se insinúa y se divierte
De su fuerza viene a aplastar
Mi mejilla ardiente lo rechaza
Porque solo mi corazón quiere este beso

Pero aquí el despertador suena
El sueño se ha roto
Una luz de luna a veces da
Como una huella de un beso...

Les couleurs de la lune

La lune est blanche
Parce qu'il a neigé dessus
Il y neige d'ailleurs
Chaque dimanche

La rousseur du lundi
Provient de quelques brûlures
D'un reste d'incendie

Les autres jours de la semaine
Elle est blonde comme les blés
Et personne ici n'a remarqué la peine
Que j'éprouve quand elle est cachée...

Los colores de la luna

La luna está blanca
Porque nevó encima
Allí nieva por cierto
Cada domingo

La pelirroja del lunes
Proviene de algunas quemaduras
De un remanente de fuego

Otros días de la semana
Como el trigo está rubia
Y nadie aquí ha notado la pena
Que siento cuando está oculta...

Errance du Vagabond

Il a dans le regard des vagues océanes
Le brouillard des hivers, des Noëls sans sapin
Des crèches de carton, des rêves de satin
Et d'obscures terreurs aux lunes diaphanes

Nomade par saison, il sait les caravanes
Les hôtels sous les ponts, les rumeurs des matins
Mettre les voiles loin, des chansons de marins
Le poids d'un sac à dos, et la toux des gitanes

De soupe populaire aux exclus du bonheur
En escale furtive au restaurant du cœur
Ils ne trouveront pas une miette de chance

Ils auraient pu peut-être un jour se rencontrer
Mais l'espoir meurt aussi, souvent sans se montrer
L'étoile du berger semble ignorer l'errance...

Vagabundeo del Vagabundo

Tiene en la mirada de las olas del océano
La niebla de los inviernos, las navidades sin abeto
De los belenes de cartón, de los sueños de satén
Y de oscuros terrores a las lunas diafónicas

Nómada por temporada, conoce las caravanas
Los hoteles bajo los puentes, los rumores de las mañanas
Poner las velas lejos, canciones de marineros
El peso de una mochila, y la tos de los cigarillos

Del comedor de beneficencia a los excluidos de la felicidad
En escala furtiva en la cooperativa del corazón
No encontrarán una migaja de suerte

Tal vez podrían haber encontrarse algún día
Pero la esperanza también muere, a menudo sin mostrarse
La estrella del pastor parece ignorar el vagabundeo...

Le vieux moulin

Les ailes du moulin grincent leur dernier bruit
Avant de s'enlacer à la roue silence du vent
Quand la fin du jour tire le drap de la nuit
Il efface alors l'or sur ses paupières, doucement

Le soleil, en une enjambée d'orgueil ultime
Franchit la palissade des nuées bleutées
Pour enjoliver de ses lumières intimes
Le vieux moulin épuisé d'avoir trop tourné

Apaisée, la campagne peut fermer les yeux
Et dormir sous la couverture de coton
L'étoile de nuit au sourire vaporeux
Veille sur ses beautés et sa douce passion

Les ailes en croix, le vieux moulin solitaire
Impressionne par sa magistrale élégance
Sous les pâles ivoires de l'astre lunaire
Le paysage s'orne de mille brillances

Les heures égrènent leurs chapelets de tendresse
Avant de céder la place au soleil levant
Il réchauffera les ramures de ses caresses
Qui chanteront sous les murmures du vent...

El viejo molino

Las alas del molino crujen su último ruido
Antes de abrazarse a la rueda silencio del viento
Cuando el final del día se lleva la sábana de la noche
Entonces borra el oro de sus párpados, suavemente

El sol, en una zancada de orgullo supremo
Cruza la empalizada de nubes azules
Para embellecer con su resplandor íntimo
El viejo molino agotado por haber girado demasiado

La campaña puede cerrar los ojos, apaciguada
Y dormir bajo la manta de algodón
La estrella de la noche con una sonrisa vaporosa
Vela por sus bellezas y su dulce pasión

Las alas en cruz, el viejo molino solitario
Impresiona por su magistral elegancia
Bajo los pálidos marfiles del astro lunar
El paisaje se adorna de mil brillos

Las horas se extienden sus rosarios de ternura
Antes dar paso al sol naciente
Calentará las ramas de sus caricias
Que cantarán bajo los murmullos del viento...

La mer à Calpe

Qu'y a-t-il de plus beau que cette immensité
Rejoignant l'horizon à perte de regard
Ses camaïeux de bleus ont une intensité
A faire pâlir de honte les couleurs du hasard

Dès qu'une brise féline vient onduler ses flancs
Elle devient voluptueuse, caressante et lascive
Mais le mistral surgit, sournois et persiflant
La métamorphosant en vagues agressives

Mouettes et goélands s'égosillent de concert
Survolant tendrement en un bruissement d'ailes
Cette étendue cendrée qui est "mère nourricière"
Leur prodiguant survie par ses fonds naturels

Les pêcheurs la vénèrent et la portent aux nues
Car elle offre son cœur de poissons argentés
A leurs filets avides, l'obscurité venue
Par un profond élan de générosité

Son immortalité est à jamais figée
Par moultes poésies, huiles ou aquarelles
Qui ont si bien rendu, sans jamais l'affliger
Son côté merveilleux et sa face rebelle

Mais la mer est perfide et morne sa complainte
Sitôt le vent se lève, elle gronde et se mutine
Attirant les marins dans ses griffes d'enceinte
Les engouffrant en elle aux premières mâtines

El mar en Calpe

Qué hay más hermoso que esta inmensidad
Uniendo al horizonte a pérdida de vista
Sus camafeos azules tienen una intensidad
Hacer que los colores del azar se destiñen de vergüenza

Cuando una brisa felina viene a ondular sus flancos
Se vuelve voluptuosa, cariñosa y lasciva
Pero el mistral aparece, astuto y burlón
La metamorfosis en olas agresivas

Gaviotas grandes y gaviotas chillan de consuno
Volando suavemente en un crujido de alas
Esta anchura cenicienta que es "madre-semilla"
Prodigándoles supervivencia por sus fondos naturales

Los pescadores la veneran y la alaban a los cielos
Porque ella ofrece su corazón de peces plateados
En sus redes ávidas, la oscuridad que viene
Con un profundo impulso de generosidad

Su inmortalidad está fijado para siempre
Por muchas poesías, óleos o acuarelas
Que tan bien le han dado, sin nunca afligirle
Su lado maravilloso y su cara rebelde

Pero el mar está pérfido y sombrío su lamento
Cuando el viento sopla, ella grita y se amotina
Atrayendo a los marineros en sus garras de recinto
Los engulliendo en ella a las primeras mañanas

De l'homme elle est maîtresse et s'aliène sa vie
Mais traîtresse elle devient, à sa première envie...

Del hombre es la ama y se aliena su vida
Pero traicionera se convierte, a su primer envidia...

Grondement des vagues

Un clapotis joyeux s'arrime à la fraîcheur
Du port de Calpe discret en méditerranée
Cliquetis des haubans le long de la jetée
Les barques de pêcheur ondulant de couleur
Avec le bruit des vagues

Soleil de février, le temps d'une balade
De ces ans déroulés rubane un long chemin
Se faufilent les jours quelquefois orphelins
Éclaboussés d'embruns d'un passé qui s'évade
Comme le bruit des vagues

Du bec et des ailes, deux pigeons pour un nid
Un vol de mouettes effleure une aquarelle
Où se peint le présent. De douces tourterelles
Paradent devant nous, quelques pas, un non-dit
Parmi le bruit des vagues

Des signes incrustés sur une dalle usée
Le passage d'un chien griffé dans le ciment
Fantôme toujours là, malgré le mauvais temps
La tempête d'hiver, la houle déchaînée
Claque le bruit des vagues

« Raconte-moi la mer... » Au rivage les mots,
Sous un ciel outremer, perdus dans le silence,
Mêlent des souvenirs et des moments d'absence.
Dans un frisson de vent, les murmures d'oiseaux
S'endort le bruit des vagues...

Rugido de las olas

Un alegre chapoteo se une a la frescura
Del puerto de Calpe discreto en el Mediterráneo
Chirridos de los tirantes a lo largo del espigón
Las barcas de pescador ondulando de color
Con el ruido de las olas

Sol de febrero, el tiempo para un paseo
De estos años desenrollados se envuelve un largo camino
Se escabullen los días a veces huérfanos
Salpicaduras de un pasado que se escapa
Como el ruido de las olas

Con pico y alas, dos palomas por nido
Un vuelo de gaviotas roza una acuarela
Donde se pinta el presente. De dulces tórtolas
Desfilan delante de nosotros, unos pasos, un no dicho
Entre el ruido de las olas

Signos incrustados en una losa desgastada
La entrada de un perro arañado en el cemento
Fantasma sigue ahí, a pesar del mal tiempo
La tormenta de invierno, el oleaje enfurecido
Golpea el ruido de las olas

"Cuéntame el mar... "En la orilla las palabras
Bajo un cielo ultramar , perdidos en el silencio
Mezclan recuerdos y momentos de ausencia
En un escalofrío de viento, los murmullos de los pájaros
Se duerme el sonido de las olas...

Le cantique des vagues

Les nonchalantes dunes fleuraient l'immortelle
Et, à perte de rêves
L'océan musardait
Une vague légère enlaçait les galets
Les tellines nacrées
Les algues en dentelle

Et toi, dans la maison aux volets de lumière
Tu écoutais, le flag
Et le cantique des vagues
L'adagio des étiers, la valse des oyats
Et pourtant frémissait
La petite Arméria

Auprès d'une girouette orchestrant le temps
Les corbeaux en soutane
Le glas du chat-huant
La cloche de l'église égrenait ses refrains
La chanson de l'été
Ses bémols cristallins

Et toi, sur le marché aux étals irisés
Tu respirais la vie
L'or blanc du paludier
Un bouquet de silènes, de menthe poivrée
Et pourtant tu savais
À Calpe notre amour condamné

El cantar de las olas

Las despreocupadas dunas florecieron la inmortal
Y, a pérdida de sueños
El océano paseaba sin prisas
Una ligera ola se agolpaba sobre los rodillos
Las coquinas nacaradas
Las algas en encaje

Y tú, en la casa de las persianas luminosas
Escuchabas, la bandera
Y el cantar de las olas
El adagio de los canales, el vals de los barrones
Sin embargo, se estremecía
La pequeña Armería

Junto a una veleta orquestando el tiempo
Los cuervos en sotana
La muerte del búho
La campana de la iglesia deshilachaba sus estribillos
La canción del verano
Sus bemoles cristalinos

Y tú, en el mercado de los puestos irisados
Respirabas la vida
El oro blanco del salinero
Un ramo de silenos, menta
Pero tú lo sabías
En Calpe, nuestro amor condenado

Tout là-bas, dans le fief, les raisins mordorés
Mijotaient, en secret
Le petit vin nouveau
À l'écorce griffée, aux reflets bigarrés
Que nous buvions heureux
Comme des fiancés

Tu reposes depuis sous pierre de tombeau
Dans ton ultime habit avec ta bague
Aux nuances vert d'eau
La maison a fermé ses volets de lumière
Et pourtant retentit
Le cantique des vagues...

Allí, en el feudo, las uvas cobrizos
Cocían en secreto
El pequeño vino nuevo
Con corteza rasguñada, reflejos abigarrados
Que bebamos felices
Como novios

Descansas desde debajo de la piedra de la tumba
En tu última vestimenta con tu anillo
Con tonos verde de agua
La casa ha cerrado sus persianas de luz
Pero aún así resuena
El cantar de las olas...

Luminescence

Certains soirs dans les mers d'orient
On peut voir bravant les courants
Des méduses luminescentes
Qui éclairent la nuit naissante

Comme des astres sur les flots
Elles résistent aux brusques assauts
Des vagues houleuses et du vent
Brillant dans le noir océan

Les marins racontent parfois
La voix frissonnante d'effroi
Qu'elles proviennent de l'au-delà
Fantômes perdus ici-bas

Ainsi les esprits vagabondent
Défiant les infernales ondes
De cet océan les séparant
Du monde lointain des vivants...

Luminiscencia

Algunas noches en los mares del Oriente
Se puede ver desafiando los corrientes
Medusas luminiscentes
Que iluminan la noche naciente

Como astros sobre las olas
Resisten a los asaltos repentinos
Del viento y de las olas turbulentas
Resplandeciente en el océano oscuro

Los marineros a veces le cuentan
A la voz temblorosa con pavor
Que provienen del más allá
Fantasmas perdidos aquí en la tierra

Así los espíritus vagabundean
Desafiando las ondas infernales
De este océano que los separa
Del mundo lejano de los vivos...

La tribu des Iris

La tribu des iris regarde vers le ciel
C'est un cantique mauve, une pluie de lumière
Ils vibrent doucement, dans une pose altière
Ils ne sont qu'un élan, tendu vers l'Essentiel

Leur tige parallèle est rêve immatériel
Qui s'élève dans l'aube, en brume cavalière
Elle cherche les mots d'une douce prière
Le temps n'est pas pressé, dans ce monde pluriel

Une rosée gracieuse est ornement pétale
Elle est comme un bijou, musique boréale
Qui rafraîchit les fleurs de ses mille diamants

Et l'abeille se pose, assoiffée de revivre
Sur le bord d'un iris qui devient son amant
C'est l'éternel Amour dont l'univers s'enivre

Au sublime parfum d'un blanc pur Seringa...

La tribu de los Iris

La tribu de los iris mira hacia el cielo
Es un cántico malvado, una lluvia de luz
Vibran suavemente, en una postura altiva
Son solo un impulso, tendido hacia lo Esencial

Su tallo paralelo es sueño inmaterial
Que se levanta en el alba, en bruma compañera
Busca las palabras de una dulce oración
El tiempo no es apretado, en este mundo plural

Un elegante rocío es ornamento pétalo
Es como una joya, música boreal
Que refresca las flores con sus mil diamantes

Y la abeja se levanta, sedienta de vida
En el borde de un iris que se convierte en su amante
Es el eterno Amor cuyo el universo se embriaga

Con el sublime aroma de un blanco puro Celinda...

Vivante la Toile

Tenter de peindre comme on respire
Coucher ses mains sur le dessin
Capter le moindre sourire
Cambrer ses reins, trait de fusain

Irriguer l'œil d'émotions vives
Magnifier l'ombre, jet de lumières
Gouacher la feuille de pulsions fluides
Croquer sa bouche, sourire amer

Guider le cœur vers le pinceau
Remplir le vide, de plein, de beau
Mixer couleurs, jusqu'à sa peau
Plonger rêveur dans le tableau...

Viva la Tela

Intentar de pintar como uno respira
Poner las manos sobre el dibujo
Captar la menor sonrisa
Arquear sus lomos, trazo de carboncillo

Regar el ojo con emociones vivas
Magnificar la sombra, chorro de luces
Gouachear la hoja de pulsiones fluidas
Mordisquear su boca, sonrisas agridulces

Guiar el corazón hacia el pincel
Llenar el vacío, lleno, hermoso
Mezclar colores, hasta su piel
Sumergirse soñador en el cuadro...

Voici le temps

Voici le temps de l'écriture
Trace dans l'instant
Ta couleur préférée est azur
Celle de l'encre du temps

Crayon de papier
Crayon du bonheur
Laissez exprimer avec vos couleurs
Le temps retrouvé

Le temps ne compte pas
Dans les méandres de la vie
A chacun son bonheur il suffit
Pour aboutir à un résultat

L'essentiel étant de trouver
Des chemins que la croisée
Emmène vers des horizons heureux
Et sur le fil du temps voyager
À travers des sentiers merveilleux...

Aquí está el tiempo

Este es el tiempo de la escritura
Traza en el momento
Tu color favorito es azul
La tinta del tiempo

Lápiz de papel
Lápiz de la felicidad
Deja exprimir tu creatividad
El tiempo recuperado

No cuenta el tiempo
En los meandros de la vida
Cada uno tiene su propia felicidad
Para obtener un resultado

El punto principal es encontrar
De los caminos que la encrucijada
Lleva a los horizontes felices
Y sobre el hilo del tiempo viajar
Por senderos maravillosos...

Le jour d'après

De l'aube ou de l'aurore qui contemple la plaine
Embrumée de douceur, portée par mille feux
Où le soleil s'octroie le plaisir de nos yeux
Un autre partira pour qu'un nouveau revienne

Bercé dans l'insomnie d'étranges lassitudes
Les uns qui, s'agitant, reflètent les lumières
Laissent aux dormeurs vaincus de tant de manières
Le choix si délicat d'y trouver des servitudes

Les femmes et les soldats, les enfants et le reste
S'entêtent à demi-mot à croire au lendemain
Sans savoir si du jour arrivera la fin
Pour que la nuit s'installe au terme d'un geste

De tout ce qui nous touche s'évapore l'instant
Accroché au suivant comme tenu aux cordes
Emporté par le temps n'obéissant qu'aux ordres
Pour tout ce qu'on a appris, la nature reprend

Le jour ne finit pas, pas plus que ces années
Qui passent simplement parce que nous le voulons
Écrase les montagnes, déroule l'horizon
Jamais tu ne verras le soleil se coucher...

Al día siguiente

Del alba o de la aurora que contempla la llanura
Nublada de dulzura, llevado por mil fuegos
Donde el sol se concede el placer de nuestros ojos
Otro se irá para que otro vuelva

Acunado en el insomnio de extrañas fatigas
Los que, se agitando, reflejan las luces
Dejan a los dormilones vencidos de tantas maneras
La elección tan delicada de encontrar servidumbres

Mujeres y soldados, niños y lo demás
Se empeñan a creer al día siguiente con medias palabras
Sin saber si del día llegará al cabo
Para que la noche se instale al término de un gesto

De todo lo que nos toca se evapora el instante
Enganchado al siguiente como tenido campos libres
Llevado por el tiempo, obedeciendo órdenes
Por todo lo que aprendimos, la naturaleza vuelve

El día no termina, no más de estos años
Que pasan simplemente porque lo queremos
Aplasta las montañas, despliega el horizonte
Nunca verás el sol poniéndose...

Magie d'octobre

Magie d'une matinée d'octobre
Aube pure et lumières sobres
Sur une mosaïque de vignes allant tantôt
De gauche à droite ou de bas en haut

Dame lune s'est invitée, ronde encor'
Fière et dominante, tel un œil protecteur
Elle veille sur les premières clameurs
De ces hommes cueillant le raisin d'or

Puis elle ouvre la voie de ma vallée
Caresse les cimes et leurs cheminées
Roule à flancs de quelque nuage parme
Et se couche au pré d'un dernier brame

Hier encore il frottait ses bois fiers
A l'écorce d'un saule qui pleure
Vieux cerf au râle quémandeur
Faisant s'envoler le héron solitaire

La cloche à Calpe s'anime au temple voisin
Moment de grâce au petit matin
Mes émotions à fleur de peau
Que j'emballe comme un cadeau...

Magia de octubre

Magia de una mañana de octubre
Amanecer puro y luces sobrias
Sobre un mosaico de viñas que van a veces
De izquierda a derecha o de abajo a arriba

Dama luna se ha invitado, redonda todavía
Como un ojo protector, orgullosa y dominante
Ella vela por los primeros clamores
De los hombres que recogen la uva de oro

Entonces abre el camino de mi valle
Acaricia las cimas y sus chimeneas
Rodado por las laderas de alguna parma nube
Se acuesta en el prado de un último bramido

Ayer mismo se frotaba su cordero orgulloso
En la corteza de un sauce que llora
Viejo ciervo con el gruñido pidiendo
Haciendo volar a la garza solitaria

La campana en Calpe se anima en el templo vecino
Momento de gracia en la madrugada
Mis emociones a flor de piel
Que yo empaco como un regalo...

Partir

Je voudrais recoudre ma vie
Avec un fil d'Ariane rieur
Ourler mes rêves d'ici
Et broder mes envies d'ailleurs

Partir de rien
Le cœur noué
Unir des liens

Éole balayera mes vieilles rancunes
Mes ciels d'orage et de colère
Mon horizon est lisse et clair
Et berce un radeau de fortune

Partir sans rien
Le cœur léger
Au vent malin

Éos éclatera mes idées noires
D'un cœur brisé en demi-lune
À l'aurore claire d'une belle histoire
Je perlerai rosée sans gêne aucune

Partir pour rien
Le cœur ouvert
Au lendemain…

Irse

Me gustaría coser mi vida
Con un hilo de Ariadna reídor
Delinear mis sueños desde aquí
Y bordar mis deseos, por cierto

Irse de nada
El corazón atado
Unir los lazos

Eolo barrerá mis viejos rencores
Mis cielos de tormenta y ira
Mi horizonte es liso y claro
Y acuna una balsa de fortuna

Irse sin nada
El corazón ligero
Al viento maligno

Éos estallará mis ideas oscuras
De un corazón roto en media luna
En la clara aurora de una hermosa historia
Me desmayaré rocío sin molestias

Irse por nada
El corazón abierto
Al día siguiente...

Nuages en voyage

Les oreillers des anges volent sans billet
Ignorent les frontières, caressent les monts
Découvrent des trésors, en voile de coton
Se marient à la mer, en quête d'un reflet

Leur valise est bondée d'indicibles secrets
Tricotés au hasard sur le fil des saisons
Contre vents déchaînés, orages ou moussons
Murmures de clochers, temples, et minarets

Écoutez- les conter leurs fabuleux voyages
Laissez- vous embarquer quand passent les nuages
Ils ne s'attardent pas, ils s'éloignent déjà

Fermez les yeux pour voir, confiants et détendus
Dans les cieux les moutons ont regagné le jas
Berçant l'explorateur de vos rêves perdus...

Nubes en viaje

Sin billete vuelan las almohadas de los ángeles
Ignoran las fronteras, acarician los montes
Descubren tesoros, en velo de terciopelo
Se casan con el mar, en busca de un reflejo

Su maleta está llena de indecibles secretos
Hecho a punto al azar en el hilo de las estaciones
Contra vientos furiosos, tormentas o monzones
Murmullos de campanarios, minaretes y templos

Oídles contar sus fabulosos viajes
Déjate transportar cuando pasen las nubes
No se detienen, ya se alejan

Cierren los ojos para ver, confiados y relajados
En los cielos las ovejas han vuelto al redil
Arrullando el explorador de sus sueños perdidos...

Où s'en vont dormir les mots ?

Triolet

Mais où s'en vont dormir les mots
Ceux qui content leur infortune
Si l'oreiller est en sanglots
Mais où s'en vont dormir les mots
Quand le poète est au repos
Vont-ils sur un rayon de lune?
Mais où s'en vont dormir les mots
Ceux qui content leur infortune

Pour ceux qui recherchent un bon nid
Le temps d'une très courte pose
Se bercent tous de mélodies
Pour ceux qui recherchent un bon nid
Là, leur sourire s'irradie
S'assoupissant dans l'coeur des roses
Pour ceux qui recherchent un bon nid
Le temps d'une très courte pose

Un jour les mots à leur réveil
Seront tous là pour nous ravir séduire
Peut-être sous un beau soleil
Un jour les mots à leur réveil
Suivront le parcours des abeilles
Les rois poètes se feront sirs
Un jour les mots à leur réveil
Seront tous là pour nous ravir...

¿Dónde se duermen las palabras?

Trío

¿Pero dónde se duermen las palabras?
Los que cuentan su desgracia
Si la almohada está sollozando
¿Pero dónde se duermen las palabras?
Cuando el poeta está en reposo
¿Van en un rayo de luna?
¿Pero dónde se duermen las palabras?
Los que cuentan su desgracia

Para las que buscan un buen nido
El tiempo con una pose muy corta
Se mecen todas con melodías
Para las que buscan un buen nido
Allí, su sonrisa irradia
Dormitando en el corazón de las rosas
Para las que buscan un buen nido
El tiempo con una pose muy corta

Un día las palabras al despertar
Estarán todas allí para arrebatarnos
Quizás bajo un sol en las alboradas
Un día las palabras al despertar
Seguirán el recorrido de las abejas
Los reyes poetas se harán soberanos
Un día las palabras al despertar
Estarán aquí para arrebatarnos...

Namasté

Avant le jour mon tapis je déroule
La fenêtre baille et me refoule
L'air obscur de la nuit qui s'étire
Et qu'en silence j'inspire

J'écoute la voix de Marie
Mon guide dans la pénombre
Aux confins d'un safari
Qui prend vie chaque seconde

Le corps s'ouvre comme surpris
Se délie à l'inspire
Chemine jusqu'à l'esprit
Et s'apaise à l'expire

J'embarque pour un voyage
Sur une arche pour mirage
Chat, Corbeau ou Cobra
Côtoient des Chiens tête en bas

Mais ce sont mes tourterelles
Qui lorsque je médite
Me roucoulent aux oreilles
« Il est temps que tu nous quittes ! »

Namaste

Antes del día mi alfombra yo desenvuelvo
La ventana bosteza y me expulsa
El aire oscuro de la noche que se extiende
Y en silencio lo inspiro

Escucho la voz de María
Mi guía en la penumbra
En los confines de un safari
Que cobra vida cada segundo

El cuerpo se abre como sorprendido
Se desata a la inspiración
Camina hacia el espíritu
Y se calma al expirar

Embarco para un viaje
Sobre un arca para espejismo
Gato, cuervo o cobra
Junto a los perros cabeza abajo

Pero son mis tórtolas
Que cuando medito
Me arrullan en el oído
"¡Es hora de que te vayas!"

Tercet en désordre

J'ai le tercet dans le désordre
Mes quatrains, l'hémistiche à l'air
Muse qui ne veut en démordre
C'est la panique sur mes vers

J'ai mon alexandrin qui boite
La prosodie me fait les poches
Mon inspiration reste coite
Toujours un vieux hiatus qui cloche

J'ai mon pantoum sur les chevilles
C'est ridicule surtout quand
Le vers répété part en vrille
Mon bon monsieur, tout fout le camp

Mon empire pour un sonnet
Mes neurones pour un bon mot
Mes rimes, " pfff "… me rient au nez
Ma pâte à vers a des grumeaux

Si mon inspiration me fuit
Demain je rentre dans les ordres
Personne ne me croit, mais oui
J'ai le tercet dans le désordre...

Terceto en desorden

Tengo el terceto en el desorden
Mis cuartetas, el hemistiquio en el aire
Musa que no quiere desanimarse
Es el pánico en mis versos

Tengo a mi alejandrino que cojea
La prosodia me hace los bolsillos
Mi inspiración permanece muda
Siempre un viejo hiato que falla

Tengo mi pantún en los tobillos
Sobre todo cuando es ridículo
El verso repetido fuera de control
Mi buen señor, todo se está derrumbando

Mi imperio para un soneto
Mis neuronas para una buena palabra
Mis rimas, "pfff"... me ríen a la cara
Mi masa de versos tiene grumos

Si mi inspiración me huye
Mañana me converto en monja
Pero sí, aunque nadie me crea
Tengo el terceto en desorden...

Plaisir d'écrire

Je voulais te dédier un poème troublant
Qui aurait fait vibrer ton cœur un long instant
Un chant d'amour sublime aux échos frémissants
Écrit pour t'éblouir, en vers étincelants

Je voulais t'envoûter de versets langoureux
Accrocher des éclats d'hématite à tes yeux
Attiser tes désirs d'images enflammées
Secouer d'un frisson ta peau d'ambre musqué

J'aurais pu déposer sur un papier gaufré
De fines arabesques calligraphiées,
Ou sur un parchemin te faire découvrir
Des lettres poudrées d'or sous un cachet de cire

J'y aurais enfermé la chaleur de nos mains,
La saveur de nos nuits, la douceur des matins
Je t'aurais murmuré nos ardeurs impatientes
Nos baisers passionnés, nos étreintes brûlantes

Je t'aurais raconté le bonheur d'être deux,
Nos rires si nombreux, nos partages précieux
Et je t'aurais parlé de cet amour immense
Qui enchante ma vie, efface mes souffrances

À la tombée du jour, j'essayais de polir
Ce délicat bijou que je voulais t'offrir
Une intense émotion embrumait mes idées
Et mon inspiration s'envolait en fumée

Placer de escribir

Quería dedicarte un poema sorprendente
Que hubiera hecho vibrar tu corazón un largo instante
Un canto de amor sublime con ecos vibrantes
Escrito para deslumbrarte, en versos centelleantes

Quería hechizarte con versos lánguidos
Colgar fragmentos de hematita en tus ojos
Avivar tus deseos de imágenes inflamadas
Sacudir con un escalofrío tu piel de ámbar almizclero

Podría haber depositado en un papel en relieve
De finas arabescas caligrafiadas
En un pergamino te haré descubrir
Letras de oro polvorientas bajo un sello de cera

Habría encerrado el calor de nuestras manos
El sabor de nuestras noches, la dulzura de las mañanas
Te hubiera susurrado nuestros impacientes ardores
Nuestros besos apasionados, nuestros abrazos ardientes

Te habría contado la felicidad de ser dos
Nuestras risas, tantas y tan preciosas
Te habría hablado de este amor inmenso
Quien encandila mi vida, borra mis sufrimientos

Al atardecer, intentaba pulir
Esta delicada joya que quería ofrecerte
Una intensa emoción quemaba mis ideas
Mi inspiración se esfumó en el aire

Dans le soir rayonnaient les feux de notre histoire
Mais tout disparaissait, happé par un trou noir
Une tendre pensée aussitôt esquissée
Les lignes se brouillaient sur ma feuille froissée

Ma plume bousculait quelques mots griffonnés
Mes phrases sonnaient creux, sans cesse corrigées
Un génie m'a soufflé que tu méritais mieux
J'ai déchiré ma page… et tout jeté au feu...

En la noche brillaban los fuegos de nuestra historia
Pero todo desaparecía, atrapado en un agujero negro
Un tierno pensamiento esbozado al instante
Las líneas se borraron en mi hoja arrugada

Mi pluma sacudía unas palabras garabateadas
Mis frases sonaban vacías, sin cesar corregidas
Un genio me ha dicho que mereces algo mejor
He rasgado mi página... y lo he tirado todo al fuego...

Les Bouquinistes

Sur les quais de la Seine
Le long des boites pleines
Les passants se promènent

Un bouquiniste s'amène
Enlève cadenas et chaîne
Le coffret vert s'oxygène

Les livres par centaine
Journaux de la semaine
Photos mises en scène

A la lecture sereine
Le temps s'égrène
Avec l'eau musicienne

L'ombre au sol traîne
Des nuages de laine
Sur les quais de la Seine

Les heures s'enchaînent
Le long des boites pleines
Tard dans la nuit sereine

Plaisir en zone urbaine
Aux bords de la Seine
Parmi la foule humaine

Les passants traînent
Sous la lune porcelaine
Sur les quais de la Seine...

Los Libreros

En los muelles del Sena
Junto a las cajas llenas
Los transeúntes se pasean

Llega un librero
Quita el candado y la cadena
El estuche verde se oxigena

Los libros por cien
Diarios de la semana
Fotos puestas en escena

En la lectura serena
El tiempo se agota
Con el agua de la música

La sombra en el suelo se arrastra
De las nubes de lana
En los muelles del Sena

Se suceden las horas
Junto a las cajas llenas
Tarde en la noche serena

Diversión en zona urbana
En las orillas del Sena
Entre la multitud humana

Los transeúntes se pasean
Bajo la luna de porcelana
En los muelles del Sena...

Souvenir d'antan

Quand les premiers rayons déposaient sur ton dos
De doux reflets cuivrés ondulant sur ta peau
J'aimais me souvenir, t'observant, attendrie
Du goût de nos étreintes gravées dans la nuit

Soudain tu m'enlaçais, encore ensommeillé
Mais je ne bougeais pas, te laissant somnoler
Blotti contre ton corps, entouré de chaleur
Je pensais que rien ne ternirait ce bonheur

A peine réveillé, tu m'adressais serein
Ce regard émerveillé qui chaque matin
Me faisait chavirer, gommait tous mes tracas
Et je te chuchotais : « Non, tu ne rêves pas… »

Puis tu cherchais mes lèvres pour y déposer
De ta bouche brûlante un baiser passionné
Et quand tu te levais, engourdi, frissonnant
Entre les draps flottait ton parfum envoûtant

Pendant qu'un bon café goutte à goutte coulait
Sous le jet de la douche, heureux, tu chantonnais
Et quand je posais nos tasses sur le comptoir
Tu apparaissais ruisselant dans ton peignoir

Tu prenais mon visage entre tes mains humides
Et tu me murmurais, d'un air un peu timide
Ces mots bouleversants qui me faisaient frémir
Je m'enivrais alors, de ton premier sourire

Recuerdo de antaño

Cuando los primeros rayos se posaron sobre tu espalda
Suaves reflejos cobrizos ondulando sobre tu piel
Me gustaba recordarte, observándote, acariciándote
Del gusto de nuestros abrazos grabados en la noche

De repente me abrazabas, todavía dormido
Pero no me movía, dejándote dormido
Acurrucado contra tu cuerpo, rodeado de calor
Pensé que nada arruinaría esta felicidad

Apenas despertado, me dirigías sereno
Esa mirada de asombro que cada mañana
Me hacía volcar, borraba todas mis problemas
Y yo te susurré: "No, no estás soñando

Entonces buscabas mis labios para dejarlos
De tu boca ardiente un beso apasionado
Cuando te levantabas, entumecido, temblando
Entre las sábanas flotaba tu perfume cautivador

Mientras un buen café gotaa gota goteaba
Bajo el chorro de la ducha, feliz, cantarías
Y cuando puse nuestras tazas en la encimera
Apareciste goteando en tu bata

Tomaste mi cara entre tus manos húmedas
Me murmurabas, con aire un poco tímido
Esas palabras conmovedoras que me hacían estremecer
Me emborracharé entonces, de tu primera sonrisa

Submergé d'émotion, des larmes noient mes yeux
Chaque matin à deux est un cadeau précieux
Mon amour isolé, en chambre aseptisée
Quand nous reverrons-nous ? Le grand lit est glacé…

Abrumado por la emoción, las lágrimas ahogan mis ojos
Cada mañana a dos es un regalo precioso
Mi amor aislado, en habitación aséptica
¿Cuándo nos veremos de nuevo? La cama está helada...

La Grâce de l'Ange

L'infini des désirs, balades des romances
Coulent en innocence, au fruit de l'amitié
Berce alors mes désirs, de par la délivrance
Éphémère d'Amour et du rêve oublié

Beauté de sa personne, en fortune d'automne
Un joyau écarlate, aux plus doux sons résonne
Au gré du violon, d'amoureux du piano
C'est une mélodie, un chant allégretto

La fièvre de son corps, si chaude et attirante,
Brûle sève à mon œil, lentement ma prunelle
Douces lèvres de feu et un parfum de menthe
Peu à peu en mes sens, une hantise charnelle

Magie d'une Déesse ou de Reine céleste
Sillonne dans ma vie, l'étincelle mignonne
Berce alors mon Amour, mon cœur de ses caresses
De volupté, de tendresse et de Belladone

La toison de ses ailes, d'un charme éternel
Comme une arme, un poison, en mon âme se terre
Envenime mes flammes d'un air solitaire
Mais la Grâce de l'Ange, à jamais reste au ciel...

La Gracia del Ángel

El infinito de los deseos, paseos de las romances
Fluyen en inocencia, al fruto de la amistad
Acurruca entonces mis deseos, por la liberación
Efímera de Amor y sueño olvidado

Belleza de su persona, en fortuna de otoño
Una joya escarlata, con los sonidos más dulces resuena
Al ritmo del violín, de los amantes del piano
Es una melodía, un canto alegórico

La fiebre de su cuerpo, tan caliente y atractiva
Quema la savia de mi ojo, lentamente mi ojo
Labios suaves de fuego y un aroma a menta
Poco a poco, en mi sentido, una obsesión carnal

Magia de una Diosa o Reina celestial
Recorre mi vida, la chispa hermosa
Acuna entonces mi amor, mi corazón con sus caricias
De la voluptuosidad, de la ternura y de la belladona

El vellón de sus alas, de un encanto eterno
Como un arma, un veneno, en mi alma se esconde
Envenena mis llamas con un aire solitario
Pero la Gracia del Ángel, permanece por siempre en el cielo...

Un Ange canin Titou

Même si mon cœur est en hiver
Je sens que ton heure est arrivée
Ton ultime voyage vers la lumière
Se fera via un arc en ciel enjolivé

Repose-toi, mon chien merveilleux
Tu vas terriblement me manquer
Je sens ton cœur encore tictaquer
Puis, Titou es parti, libre et heureux

Les anges te donneront des ailes
Au Paradis tu y resteras pour l'éternité
Tu retrouveras de nouvelles potentialités
Et l'amour comme refuge essentiel...

Un Ángel canino Titú

Aunque mi corazón está en invierno
Siento que tu hora ha llegado
Tu último viaje hacia el resplandor intenso
Se hará a través de un arco iris adornado

Descansa, mi maravilloso sabueso
Te voy a echar mucho de menos
Siento aún palpitar tu corazón agotado
Luego, Titú se fue, libre y gozoso

Los ángeles te darán alas
En el cielo para siempre te quedarás
Volverás a tener un nuevo potencial
Y el amor como refugio esencial...

Enfant Poète

Duo

C'est un enfant d'amour chambre des cancéreux
Face au miroir où mord la mort à pleine bouche
Au ciel bleu de ses yeux l'oiseau blanc s'effarouche
Et son peigne inutile abîme un crâne affreux

Pourtant nous inventions des jeux miraculeux
Par les chemins de lune où la biche se couche
Nous ôtions aux talus leurs mûrons rince-bouche
Puis nous musions dessous le chapiteau des cieux

J'étais pour toi conteur ou magicien ou manège
Au milieu du désert un bonhomme de neige
J'étais le fou de toi mon chevalier vainqueur

Ne meurs pas mon héros ne meurs pas mon poète
Demande encore un jeu c'est Noël dans mon cœur
À la barbe du sort jette un air de trompette...

Niño Poeta

Dúo

Es un niño de amor habitación de los cancerosos
Frente al espejo donde muerde la muerte a plena boca
Al cielo azul de sus ojos el pájaro blanco se espanta
Su peine inútil daña un cráneo espantoso

Sin embargo inventamos juegos milagrosos
Por los caminos de luna donde la cierva se acuesta
Quitamos de los taludes sus moras enjuague bucal
Entonces nos divertíamos debajo la carpa de los cielos

Yo era para ti cuentista o mago o tiovivo
En medio del desierto un muñeco de nieve
Yo era el loco de ti mi vencedor caballero

No mueras mi héroe no mueras mi poeta
Pide un juego más es la Navidad en mi corazón
A la barba del destino lanza una melodía de trompeta...

Brumaire

Octobre finissant, à Calpe, nous offre ses rayons
Inattendus et doux. Le ciel retient ses larmes
Par des nuages gonflés. Bouleaux et Charmes
Au jardin en sursis dépouillent leurs haillons

Les jours sont trop courts, restent des chansons
Souvenirs du beau temps en nos cœurs parme
Le spectre de l'hiver revient fourbir ses armes
Et poignarder nos sens malgré nos oraisons

Brumaire et ses pareils, de Frimaire à Ventôse
Aiguiseront des mois en nos membres, l'arthrose
Armons-nous de patience au coin de l'âtre, le soir

Sur nos genoux le chat au regard d'or et d'ambre
En croquant des marrons, nous parlerons d'espoir
En écoutant le vent et défierons novembre...

Brumario

Octubre terminando, en Calpe, nos ofrece sus rayos
Inesperado y dulce. Sus lágrimas son retenidas en los cielos
Por las nubes hinchadas. Abedules y Ojaranzos
En el jardín, en reposo, despojan sus harapos

Los días son demasiado cortos, quedan melodías
Recuerdos del buen tiempo en nuestros púrpura corazones
El espectro del invierno vuelve a pulir sus armas
Y apuñalar nuestros sentidos a pesar de nuestras oraciones

Brumario y sus semejantes, de Frimario a Ventoso
Afilarán meses en nuestros miembros, la artrosis
Armaremos de paciencia en la esquina del fogón por la noche

En nuestras rodillas el gato con mirada de ámbar y oro
Masticando castañas, hablaremos de esperanza
Escuchando el viento y desafiaremos noviembre…

Ivresse

Glose

Le soleil est de braise et mon cœur se fait gris
Lorsque mon inconstance à la vie, au grand jour
Apparaît. Et vêtu de mes plus beaux atours
Je trône dans l'azur comme un sphinx incompris

Je me noie dans des moeurs, des rencontres indignes
Qui me rendent plus froid et dure que la grêle
Et pour mentir à ceux qui voudraient me voir frêle
J'unis un cœur de neige à la blancheur des cygnes

Je m'étourdis parfois au breuvage des vignes
Jusqu'à perdre l'essence affadie de mes peines
L'ivresse altère un peu le tracé de mes veines
Je hais le mouvement qui déplace les lignes

Elles bougent et tournoient en dépit du mépris
Qui déploie sur ma peau sa chape de velours
Éloignant mes amis, mes amants, mes amours
Et jamais je ne pleure et jamais je ne ris...

***

Glose sur le premier quatrain de
« La Beauté »... de Charles Baudelaire

Je trône dans l'azur comme un sphinx incompris
J'unis un cœur de neige à la blancheur des cygnes
Je hais le mouvement qui déplace les lignes
Et jamais je ne pleure et jamais je ne ris

162

Embriaguez

Glosa

El sol es de brasas y mi corazón se vuelve gris
Cuando mi inestabilidad a la vida, a la luz del día
Aparece. Y vestido con mis mejores galas
Presido en el cielo como una esfinge incomprendida

Me ahogo en costumbres, encuentros indignos
Que me hacen más frío y duro que el granizo
Y para mentir a los que quisieran verme débil
Uní un corazón de nieve a la blancura de los cisnes

Me mareo a veces con la bebida de las viñas
Hasta perder la esencia afligido de mis penas
La embriaguez altera un poco el trazado de mis venas
Odio el movimiento que mueve las líneas

Se mueven y giran a pesar del desprecio
Que despliega sobre mi piel su capa de terciopelo
Alejando a mis amigos, amantes y amores
Nunca yo lloro ni me río...

***

Glosa sobre la primera cuarteta de
"La belleza"... de Charles Beaudelaire

Presido en el cielo como una esfinge incomprendida
Uní un corazón de nieve a la blancura de los cisnes
Odio el movimiento que mueve las líneas
Nunca yo lloro ni me río

Aumône des sens

Au long de nos soupirs, marqués par une absence
Sur ces vies balayées d'un vent d'obscurité
De ne plus respirer un parfum épicé
Se fermeront des yeux, clos par bienséance

Et quand l'aube offrira son étole rajeunie
Essaimant la chaleur, doucereuse sensation
La noirceur des regrets deviendra démission
Pour des âmes éclairées qui oublient la folie

Elles iront ruminer sur le chemin des rêves
Offrant des larmes de joie, infâme réalité
Où deux êtres n'ont pas su, un présent, conjuguer
Quand l'amertume passée nous offre plus qu'une trêve

Sur la courbe des envies, où vit l'aumône des sens
Si des lèvres se pincent, sera brisé un cœur
D'une sentence sans appel, un couloir sans lueurs
Où fleurira le terme pour nos deux existences...

Limosna de los sentidos

A través de nuestros suspiros, marcados por una ausencia
Sobre estas vidas barridas por un viento de oscuridad
No respirar un perfume picante
Se cerrarán los ojos, cerrados por la decencia

Y cuando el alba ofrecerá su estola rejuvenecida
Enjambando calor, sensación agridulce
La oscuridad de los remordimientos se convertirá en renuncia
Para almas iluminadas que olvidan la locura

Irán rumiando por el camino de los sueños
Ofreciendo lágrimas de alegría, infame realidad
Donde dos seres no han sabido, un presente, conjugar
Cuando la amargura pasada nos ofrece más que una tregua

En la curva de los deseos, donde vive la limosna de los sentidos
Si los labios se pellizcan, se romperá un corazón
De una sentencia sin apelación, un pasillo sin luces
Donde florecerá el término para nuestras dos existencias...

La Mort qui triche

Sur un sofa vieillot la femme est affalée
Près de ses mains fanées s'ennuie son livre ouvert
Ses pensées ressassées vont au diable vauvert
Le regard éperdu se fond dans l'azalée

Mille spectres, soudain, surgissent de l'allée
S'accrochent à ses flancs, et leur souffle pervers
Lui dit : tu n'es plus rien, suis-nous, vois, c'est l'hiver !
Un glas sombre et fatal sonne à toute volée

Sa vie, triste lambeau, vestige décati
Reflet blême et chétif de son bonheur parti
Désert désespéré laissant son cœur en friche

N'a fait que la tromper, de ruse en faux-semblants
D'illusions d'amour en mensonges ronflants
Perdante d'un duel où c'est la Mort qui triche...

La Muerte que hace trampa

En un sofá viejo la mujer está acostada
Cerca de sus manos desmayadas se aburre su libro abierto
Sus pensamientos rumiados se van en VillaPerdores
La mirada perdida se funde en la azalea

De repente, mil espectros aparecen del paseo
Se aferran a sus flancos, y su aliento perverso
Dile: ¡ya no eres nada, síguenos, mira, es invierno!
Un destello oscuro y fatal suena a toda velocidad

Su vida, triste colgajo, vestigio decaído
Reflejo pálido y débil de su felicidad partida
Desierto desesperado dejando su corazón baldío

No hizo más que engañarla, de artimañas en falsos pretextos
De ilusiones de amor en mentiras roncandas
Perdedora de un duelo donde es la Muerte que hace trampa...

Monologue de Statue

Tu as choisi à Calpe ce parc
En guise de décor
Et bientôt m'y remarques

Qu'il est doux cet instant
Où je feins d'être morte
Et vierge pour cent ans

Mais que n'apposes-tu
Sur ma bouche émaillée
Un peu de ta chaleur

Que n'entends-tu le cœur
Qu'un ciseau m'a taillé
Dans le roc intérieur

Ne vois-tu donc en moi
Qu'une simple statue
Étrangère à l'émoi

C'est toi qui es de marbre
Et ton sang bouge moins
Que la sève d'un arbre...

Monólogo de Estatua

Has elegido en Calpe este parque
Como decoración
Y pronto allí me observarás

Qué dulce es este momento
Donde yo finjo estar muerta
Y virgen por cien años

Pero que estampas
En mi boca esmaltada
Un poco de tu ternura

Que no oyes el corazón
Que un cincel me ha tallado
En la piedra interior

No ves en mí
Que una simple estatua
Extranjera a la emoción

Eres tú el que está de mármol
Y tu sangre se mueve menos
Que la savia de un árbol...

Toujours là

Glose

Sur mon chemin maudit, j'ai banni tant de croix
Pourtant écoute-la, mon ultime prière
La douceur de tes mains sublimera nos voix
Lorsque tu fermeras mes yeux à la lumière

Mais je t'aurais aimé, au-delà de ma vie
Quand tous les mots sont vains et trop abandonnés
Il nous reste nos yeux où baigne encore l'envie
Baise-les longuement, car ils t'auront donné

Tant et tant à la fois, d'espoir en nostalgie
Que désormais je peux, mourir emprisonné
Au fond de tes iris, t'offrant de l'élégie
Tout ce qui peut tenir d'amour passionné

Et dans l'immensité, il ne restera rien
Que ces deux cœurs gravés à jamais dans la pierre
Un serment tatoué à l'écho aérien
Dans le dernier regard de leur ferveur dernière...

***

Glose sur le premier quatrain de
"Lorsque tu fermeras mes yeux" d'Émile Verhaeren

Lorsque tu fermeras mes yeux à la lumière,
Baise-les longuement, car ils t'auront donné
Tout ce qui peut tenir d'amour passionné
Dans le dernier regard de leur ferveur dernière

Siempre ahí

Glosa

En mi camino maldito, desterré tantas cruces
Pero escúchala, mi última oración
La dulzura de tus manos sublimará nuestras voces
Cuando cerrarás mis ojos a la iluminación

Pero te habría amado, más allá de mi vida
Cuando la palabra es vana y demasiado abandonada
Nos quedan los ojos donde aún baña el deseo
Bésalos largo, porque te habrán dado

Tanto y tanto a la vez, de esperanza en nostalgia
Que ahora puedo, morir encarcelado
En el fondo de tus iris, ofreciéndote elegía
Todo lo que puede sostener amor apasionado

Y en la inmensidad no quedará nada
Que estos dos corazones grabados para siempre en la piedra
Un juramento tatuado en el eco aéreo
En la última mirada de su última devoción...

***

Glosa sobre la primera cuarteta de
"Cuando cerrarás mis ojos" de Émile Verhaeren

Cuando cerrarás mis ojos a la iluminación
Bésalos largo, porque te habrán dado
Todo lo que puede sostener amor apasionado
En la última mirada de su última devoción

Ultime Tic-Tac

Dans un écrin de cuir vieillot et craquelé
Abîmé par le poids des ans que tout emporte
Une montre dormait, usée, elle était morte
D'avoir bercé son cœur de métal martelé

Au velours cramoisi du boîtier éraflé
Loin des goussets profonds que la main réconforte
Elle ne trottait plus, le temps qui tout apporte
Avait cessé de battre au pas articulé

Elle disait : « Tic-tac ! Tic-tac ! Tic-tac ! » sans cesse
De sa voix de rivets, de vis et de métal
Elle faisait : « Tic-tac ! » jusqu'à l'instant fatal

Toujours d'un pas précis même dans sa vieillesse
Et puis, un dernier souffle a brisé son ressort
C'est ainsi que tout meurt et c'est là notre sort !...

Último Tic-Tac

En un estuche de cuero viejo y agrietado
Dañado por el peso de los años que todo se lleva
Un reloj dormía, desgastado, estaba muerto
De haber acunado su corazón de metal martillado

Al terciopelo carmesí de la caja desgarrada
Lejos de los profundos bolsillos que la mano consuela
Ya no andaba, el tiempo que todo trae
Había dejado de latir al paso articulado

Ella decía: "¡Tic-tac! ¡Tic-tac! ¡Tic-tac! " sin parar
De su voz de remaches, tornillos y metal
Ella hacía: "¡Tic-tac! " hasta el momento fatal

Siempre con un paso preciso incluso en su vejez
Entonces, un último soplo rompió su resorte
¡Así es como todo muere y ahí está nuestro destino!...

La tombe qui sourit

Il n'avait à la main que trois roses fleuries
Trois roses rouges rubis pour sa tombe fleurir
Reflétant la douleur de ses larmes rougies
Trois roses qu'un destin décida d'assombrir

La tombe était si noire alors que son sourire
Trois jours avant encore ensoleillait son coeur
La tombe était d'un noir impossible à décrire
Le destin n'est rien moins qu'un vil arnaqueur

Il s'assit doucement, s'allongea sur le marbre
La joue contre la pierre il se mit à pleurer
Sous la lune montante au-delà d'un vieil arbre
Les roses sous le vent vinrent pour l'effleurer

Les larmes une à une ont mouillé les pétales
Redonnant presque vie aux couleurs de ses fleurs
Les larmes c'est connu sont si sentimentales
Qui ne supportent pas leur source dans les pleurs

Il resta allongé, ses yeux laissant le fleuve
De sa vie imprégner la terre du tombeau
Et peu lui importait que la stèle s'abreuve
Car son chagrin s'écoulait en lambeaux

Jamais il ne revint sangloter sa détresse
Pourtant la pierre noire en garde souvenir
Qui résonne depuis son parfum de tendresse
Comme si le passé ne pouvait agonir

La tumba que sonríe

Sólo tenía en la mano tres rosas floridas
Tres rosas rojas rubí para su tumba florecer
Reflejando el dolor de sus lágrimas enrojecidas
Tres rosas que el destino decidió oscurecer

La tumba era tan negra mientras su sonrisa
Tres días antes aún su corazón brillaba
La tumba era de un negro imposible de describir
El destino es un vil estafador

Se sentó suavemente, se tumbó sobre el mármol
La mejilla contra la piedra se puso a llorar
Bajo la luna creciente más allá de un viejo árbol
Las rosas al viento vinieron a acariciarla

Las lágrimas una a una han mojado los pétalos
Casi reviviendo los colores de sus flores
Las lágrimas son conocidas por ser tan sentimentales
Que no soportan su fuente en los llantos

Se quedó acostado, sus ojos fluyendo el torrente
De su vida impregnar la tierra de la tumba
Y no le importaba que la estela se abreve
Porque su dolor se desparramaba en pedazos

Nunca volvió a llorar su angustia
Sin embargo la piedra negra guarda recuerdo
Que resuena con su fragancia de ternura
Como si el pasado no pudiera agonizar

Et depuis chaque nuit les roses refleurissent
Trois roses rouges rubis que la tombe nourrit
Au souvenir brûlant des larmes qui jaillissent
Et depuis chaque nuit à Calpe, cette tombe sourit...

Y desde cada noche las rosas florecen
Tres rosas rojas rubí que la tumba alimenta
Al recuerdo ardiente de las lágrimas que brotan
Y desde cada noche en Calpe, esta tumba sonríe...

Rêverie de Cygnes

Et toujours ce rêve troublant
Comme des fantômes sans chaîne
Je vois passer des cygnes blancs
Glissant sur le noir de la Seine

Sans bruit, comme sur une peinture
Telle une vision contemplative
Ils s'en vont, beaux, légers et purs
Et glissent dans ma pensée créative

Si je pouvais ouvrir les yeux
Pour me découvrir des ailes
Je répondrais à leur appel

Et je partirais avec eux
Tracer de nouveaux signes blancs
Sur le grand tableau noir du temps...

Ensueño de Cisnes

Y siempre este desconcertante sueño
Como fantasmas sin cadena
Veo pasar un cisne blanco
Deslizándose sobre el negro del Sena

Sin ruido, como en una pintura
Como una visión contemplativa
Se va, hermoso, ligeros y puro
Y se desliza en mi pensamiento creativo

Si abrir el ojo yo pudiera
Para descubrir alas
Responderé a su llamada

Y con él me iría
Traza un nuevo signo blanco
En la gran pizarra del tiempo...

L'Arbuste

C'est un arbuste frêle et triste que l'hiver
Serre dans son brouillard comme en un lange humide
Un arbuste esseulé dans un morose jardin désert
Juste devant les volets clos d'une demeure vide

Dans le proche massif où rampe un maigre lierre
Alors que les dahlias s'éteignent tour à tour
Il a vu s'effriter petit à petit le rutilant velours
De ses feuilles fauves gisant sous une pluie amère

Mais lui le petit arbre en ses rameaux menus
Qu'il étend dévêtus en ces brumes épaisses
Garde deux petits nids minuscules et ténus

Deux petits nids nus ouverts à toutes les détresses
Tous transis se mourant du beau trésor envolé
Pour lui parler tout bas d'un immortel été…

El Arbusto

Es un arbusto frágil y triste que el invierno
Aprieta en su niebla como en un pañal húmedo
Un arbusto solitario en un jardín desolado y sombrío
Justo delante de las persianas cerradas de una casa vacía

En el cercano macizo donde se arrastra un magro hiedra
Mientras las dalias se extinguen por turnos
Vio cómo se deshacía el brillante terciopelo
De sus hojas rojizos yacen bajo una lluvia amarga

Pero él el pequeño árbol en sus ramitas menudas
Que se extiende desnudo en estas espesas brumas
Guarda dos nidos pequeños y diminutos

Dos pequeños nidos desnudos abiertos a todas las miserias
Todos ateridos, muriendose por el hermoso tesoro esfumado
Para hablarle en voz baja de un inmortal verano...

L'arbre dénudé

J'étais un arbre en fleur où chantait ma jeunesse
Jeunesse, oiseau charmant, mais trop vite envolé
Et même, avant de fuir du bel arbre effeuillé
Il avait tant chanté qu'il se plaignait sans cesse

Mais sa plainte était douce, et telle en sa tristesse
Qu'à défaut de témoins et d'oiseaux assemblés
Le buisson attentif avec l'écho troublé
Et le cœur du vieux chêne en pleuraient de tendresse

Tout se tait, tout est mort! L'arbre, veuf de chansons
Étend ses rameaux nus sous les mornes saisons
Quelque craquement sourd s'entend par intervalle

Debout il se dévore, il se ride, il attend
Jusqu'à l'heure où viendra la Corneille musicale
Pour le suprême hiver chanter le dernier chant...

El árbol desnudo

Yo era un árbol en flor donde cantaba mi juventud
Juventud, encantador pájaro, pero demasiado pronto volado
Antes de huir del hermoso árbol deshojado
Había cantado tanto que se quejaba sin cesar

Pero su lamento era dulce, y tal en su tristeza
Que a falta de testigos y de aves reunidas
El arbusto atento con el eco perturbado
El corazón del viejo roble lloraba de ternura

Todo se calla, ¡todo está muerto! El árbol, viudo de canciones
Extiende sus ramas desnudas bajo las lúgubres estaciones
Alguno crujido sordo se entiende por intervalo

De pie se come, se retuerce, espera
Hasta que llegue el Cuervo musical
Para el supremo invierno cantar la última canción...

Première Neige

Étrange buée d'âme et fantômes dansants
Mille flocons de neige, épars comme des roses
Se posent sur le jour, pétales florissants
Et l'aurore déploie son aria virtuose

Mélodie caressante en vague sur le sol
L'averse immaculée s'abandonne et murmure
Un fin tapis tout blanc pleure sur son envol
Il recouvre les champs tel une enluminure

Le matin qui s'éveille admire l'œuvre d'art
C'est un tableau vivant d'une nature artiste
Le temps suspend son cours pour un nouveau départ
Une saison renaît sur la plaine alchimiste...

Primera Nieve

Extraño vaho de alma y fantasmas danzantes
Mil copos de nieve, esparcidos como rosas
Se posan en el día, florecer pétalos florecientes
La aurora despliega arias virtuosas

Melodía cariñosa en ola sobre el suelo
La lluvia inmaculada se abandona y susurra
Una fina alfombra blanca llora en su vuelo
Cubre los campos como una iluminación

La mañana que se despierta admira la obra de arte
Es un cuadro vivo de una naturaleza artista
El tiempo suspende su curso para un nuevo comienzo
Una estación renace en la llanura alquimista...

L'hiver blanc

L'hiver, la neige choit, et lente et monotone
Sur le galbe fané de la verdure en pleurs
Les oiseaux se sont tus au sortir de l'automne
L'abeille ne bruit plus sur le nectar des fleurs

La forêt sue au loin les vapeurs de l'éther
Un manteau blanc la touche et la couvre de laine
Ses sentiers sont froissés et le sel de la terre
Ne monte plus au ciel qui descend sur la plaine

Disparais, ô verdure, et cache tes sarments
Sois invisible à l'œil. Ô frileuse compagne
Laisse mes bras rêver à ton corps si charmant
Un baiser de ma part ravira la campagne

Si un flocon bondit sur ta peau de vingt ans
Si le frimas transit tes sentiments pudiques
L'Amour sera écrin où un cœur au printemps
Te dira tendrement : « Je t'aime, toi, l'unique. »

El invierno blanco

Invierno, nieve cae y lenta y monótona
Sobre la curva descolorida de la vegetación en llanto
Los pájaros se callaron al salir del otoño
La abeja ya no hace ruido sobre el néctar de las flores

El bosque suda lejos los vapores del éter
Un abrigo blanco la toca y la cubre con lana
Sus senderos están arrugados y la sal de la tierra
Ya no sube al cielo que desciende sobre la llanura

Desaparece, oh verdor, y esconde tus sarmientos
Sé invisible a la vista. Oh, frígida compañera
Deja mis brazos soñar con tu cuerpo tan encantador
Un beso de mi parte deleitará el campo

Si un copo de nieve salta sobre tu piel de veinte años
Si la helada transita tus sentimientos pudorosos
El amor será un estuche donde un corazón en la primavera
Te dirá con ternura: "Te amo, a ti, el único".

Noël absent

Noël n'a plus des yeux de fête
Depuis que mon enfant est grand
Son regard rêveur est absent
Son impatience aux oubliettes

Le froissement du papier cadeau
La féerie d'un paysage blanc
Les larmes de joie des grands-parents
Sont remisés dans les albums photos

Je ne les ouvre que rarement
Le réveillon d'une famille désunie
C'est comme un jour d'intempérie
Où l'on calfeutre ses sentiments

Passer Noël sans son enfant
C'est prier en silence pour son bonheur
Lui offrir son sourire quand il est l'heure
De se quitter, le cœur tremblant...

Navidad ausente

La Navidad ya no tiene ojos de fiesta
Desde que mi hijo creció
Está ausente su mirada soñadora
Su impaciencia en el olvido

El arrugamiento del papel regalo
La magia de un paisaje blanco
Las lágrimas de alegría de los abuelos
Se entregarán en los álbumes de fotos

No yo los abro casi nunca
La nochebuena de una familia desunida
Es como un día de mal tiempo
Donde se calentarán los sentimientos

Pasar la Navidad sin su hijo
Es rezar en silencio por su felicidad
Ofrecerle su sonrisa cuando sea la hora
De separarse, el corazón temblando...

Noël, un goût d'enfance

Pantoum

Flotte dans l'air un goût d'enfance
Quand le vieux Papa Noël
Affronte le froid en silence
Pour honorer tous les appels

Quand le vieux Papa Noël
Courbé sous le poids de sa hotte
Pour honorer tous les appels
Marche équipé de larges bottes

Courbé sous le poids de sa hotte
Noël pour mieux se dépêcher
Marche équipé de larges bottes
Et s'avance sans trébucher

Noël pour mieux se dépêcher
Passe furtif devant la porte
Et s'avance sans trébucher
Tandis que les flocons l'escortent

Passe furtif devant la porte
Le rêve habillé de candeur
Tandis que les flocons l'escortent
Cerclant la nuit d'une lueur

Le rêve habillé de candeur
Nous charme quel que soit notre âge
Cerclant la nuit d'une lueur
Qui nous raconte un beau voyage

Navidad, un sabor de infancia

Pantún

Flota en el aire un sabor de infancia
Cuando el viejo Papá Noel
Enfréntate al frío en silencio
Para cumplir todas las llamadas

Cuando el viejo Papá Noël
Doblado bajo el peso de su campana
Para cumplir todas las llamadas
Camina con botas anchas

Doblado bajo el peso de su campana
Navidad para mejor prisa
Camina con botas anchas
Y avanza sin tropezar

Navidad para mejor prisa
Pasa sigilosamente por la puerta
Y avanza sin tropezar
Mientras los copos lo escoltan

Pasar sigilosamente por la puerta
El sueño vestido de candor
Mientras los copos lo escoltan
Cercando la noche con un resplandor

El sueño vestido de candor
Nos encanta cualquiera que sea nuestra edad
Cerclando la noche con un resplandor
Que nos cuenta un hermoso viaje

Nous charme quel que soit notre âge
De cette fête la magie
Qui nous raconte un beau voyage
Comme le fait la poésie

De cette fête la magie
Vient séduire en toute innocence
Comme le fait la poésie
Flotte dans l'air un goût d'enfance...

Nos encanta cualquiera que sea nuestra edad
De esta fiesta la magia
Que nos cuenta un hermoso viaje
Como lo hace la poesía

De esta fiesta la magia
Viene a seducir en toda inocencia
Como lo hace la poesía
Flota en el aire un sabor de infancia...

Ritournelle de Noël

Noël jouait sa ritournelle
Venu saluer l'an nouveau
Offrant l'espérance en cadeau
On croyait entendre un bruit d'ailes

La nuit décorait son manteau
De guirlandes en ribambelles
Noël jouait sa ritournelle
Venu saluer l'an nouveau

L'hiver pavoisait en dentelles
Cloutant minuit de ses joyaux
Quant au firmament un flambeau
Cribla l'espace d'étincelles

Noël jouait sa ritournelle
Et à Calpe, on s'en rappelle des décibels...

Ritornello de Navidad

Navidad tocaba su ritornello
Venido a saludar el año nuevo
Ofreciendo esperanza como regalo
Se creía haber oído un sonido de alas

La noche adornaba su manto
De guirnaldas con amplias gamas
Navidad tocaba su ritornello
Venido a saludar el año nuevo

El invierno se pavonea de encaje
Anclando medianoche de sus joyas
Cuando al firmamento una antorcha
Cribó el espacio de chispas

Navidad tocaba su ritornello
Y en Calpe, se recuerdan los decibelios...

Carpe Diem

Il est dans ces contrées un être de sagesse
Un illustre sage qui, sans trêve et sans cesse
Veille inlassablement sur chaque grain du temps
Ancien ermite dont l'âme s'allie au vent

Un empereur particulièrement cruel
Apprit qu'en lui, vie et mort se livraient un duel
Ô combien de vies avait-il volées
Le goût de la fin, il le connaissait
Mais à un tel point elle le terrifiait
Que Chronos il s'en alla implorer

Le Maître du Temps l'écouta
Oyant ce qu'il savait déjà
Tu es un être corrompu
Et sans une once de vertu
Si le bien tu avais semé
Le temps t'aurait épargné
Mais sanglante a été ta vie
Et nombre cœurs ont péri.

Ici je demeure à entendre les pendus
Et la symphonie secrète des âmes perdues.
Ô Destinée, dit l'Empereur
La vie n'a t-elle été qu'un leurre ?

J'en appelle à la clémence
A la pitié et ses nuances
Désormais mon existence
Se ternit, vide de tout sens

Carpe Diem

En estas tierras hay un ser de sabiduría
Un ilustre sabio que, sin cesar y sin tregua
Vela incansablemente por cada grano del tiempo
Antiguo ermitaño cuyo alma se une al viento

Un emperador particularmente cruel
Supo que en él, vida y muerte, se libraban un duelo
Oh cuántas vidas había robado
El gusto del final, lo conocía
Pero hasta tal punto ella lo aterrorizaba
Cronos se fue a suplicar

El Señor del Tiempo lo escuchó
Oyando lo que ya sabía.
Eres un ser corrupto
Y sin un ápice de virtud
Si hubieras sembrado el bien
El tiempo te habría salvado
Pero sangrienta ha sido tu vida
Muchos corazones han perecido

Aquí me quedo para oír a los colgados
Y la sinfonía secreta de las almas perdidas
Oh Destino, dice el Emperador
¿La vida ha sido sólo un señuelo?

Apelo a la clemencia
A la piedad y sus matices
Ahora mi existencia
Se empañó, vacía de todo sentido

Et je sens en moi s'évacuer
Ce qui autrefois m'exaltait

Et qu'ai-je vécu jusqu'ici ?
Chaque complainte, chaque cri
Arrachés à mes ennemis
Ont fait de moi ce que je suis

Cependant, une fois cette phrase achevée
Les yeux de l'empereur se fermèrent à jamais
Son dernier souffle fût un râle
Et ses mains devinrent glaciales

Chronos contempla le dernier grain choir
Et de son pas lent repoussa l'espoir
Le sablier fut retourné
Et attribué au nouveau-né

Profitez de chaque instant qui vous est donné
Car toujours s'écoule le sable fatal du sablier...

Siento que me estoy desesperando
Lo que una vez me exaltaba

Y ¿qué he vivido hasta ahora?
Cada lamento, cada grito
Arrancados de mis enemigos
Me hicieron lo que soy

Sin embargo, una vez que la frase se completa
Los ojos del emperador se cerraron para siempre
Su último aliento fue un rugido
Y sus manos se volvieron heladas

Cronos contempló el último grano caer
Y de su lento paso repelió la esperanza
El reloj de arena fue volteada
Y se atribuye al recién nacido

Disfruta de cada momento que te dan
Porque siempre se desliza la fatal arena del reloj...

Bibliographie

EFL est passionné par la poésie depuis longtemps avant de publier, Symphonies, Calpe Diem.

Toujours plongé dans l'écriture, il aime inventer des poèmes, partager avec ses lecteurs, sa passion, son humour, son imagination pour faire vibrer le cœur et l'esprit.

Il a passé sa jeunesse à voyager et a remporté de nombreux prix à des concours.

Aujourd'hui, il participe à des blogs de poésie et aide d'autres poètes, en les conseillant sur l'écriture, la publication et la promotion de leur recueil ou nouvelle littéraire.

Bref, partager l'inventivité de ses « coups de cœur » est aussi de cultiver ses « coups de génie ».

Bibliografía

EFL es un apasionado de la poesía desde mucho antes de publicar, Sinfonías, Calpe Diem.

Siempre sumergido en la escritura, le gusta inventar poemas, compartir con sus lectores su pasión, su humor, su imaginación para hacer vibrar el corazón y la mente.

Pasó su juventud viajando y ganó muchos premios en concursos.

Hoy participa en blogs de poesía y ayuda a otros poetas, aconsejándoles sobre la escritura, la publicación y la promoción de su poemario o noticia literaria.

En resumen, compartir la inventiva de sus «golpes de corazón » es cultivar también sus « golpes de genio ».

Index - Índice

Sinopsis

Es una obra bilingüe que ofrece una colección de poemas profundamente emotivos y cargados de simbolismo, escritos en francés y español. A través de sus versos, EFL nos transporta a un mundo de emociones, naturalezas exuberantes y experiencias humanas universales que resuenan tanto con lectores francófonos como hispanohablantes. Los poemas están divididos en varias secciones, cada una de ellas dedicada a un tema o motivo particular. Por ejemplo, en "Symphovie" o "Sinfovida", el autor compara la vida con una sinfonía, donde cada estación y momento tiene su propia melodía y ritmo. Este tipo de metáforas enriquecen la experiencia de la lectura, ya que los elementos musicales y naturales se fusionan en una danza poética que invita a la reflexión.

El estilo del autor es lírico y, en ocasiones, nostálgico, utilizando imágenes poéticas y metáforas visuales para transmitir emociones profundas. Es una obra poética que, a través de su belleza y simplicidad, logra transmitir verdades profundas sobre la condición humana y la conexión con el entorno natural. El uso del bilingüismo enriquece el valor literario de la obra, permitiendo que los lectores disfruten de la poesía en dos idiomas, cada uno aportando su propio matiz y musicalidad.

* * *

Il s'agit d'un ouvrage bilingue qui offre un florilège de poèmes profondément émotionnels et chargés de symbolisme, écrits en français et en espagnol. A travers ses vers, EFL nous transporte dans un monde d'émotions, de natures exubérantes et d'expériences humaines universelles qui résonnent aussi bien chez des lecteurs francophones que hispanophones. Les poèmes sont divisés en plusieurs sections, chacune consacrée à un thème ou motif particulier. Par exemple, dans "Symphovie" ou "Sinfovida", l'auteur compare la vie à une symphonie où chaque saison et moment a sa propre mélodie et son propre rythme. Ce type de métaphores enrichissent l'expérience de la lecture, car les éléments musicaux et naturels se fondent dans une danse poétique qui invite à la réflexion.

Le style de l'auteur est lyrique et parfois nostalgique, utilisant des images poétiques et des métaphores visuelles pour transmettre des émotions profondes. Il s'agit d'une œuvre poétique qui, grâce à sa beauté et sa simplicité, parvient à transmettre des vérités profondes sur la condition humaine et le lien avec l'environnement naturel. L'utilisation du bilinguisme enrichit la valeur littéraire de l'œuvre, permettant aux lecteurs de profiter de la poésie en deux langues, chacune apportant sa propre nuance et musicalité.

ISBN : 978-8-4132-6831-6

Achevé d'imprimer en Octobre 2024
Completado para imprimir en Octubre de 2024

Prix: 12,00 €
Precio: 12,00 €